JN022391

果物から発想する菓子

季節の素材を使った生菓子39品と、ジェラート＆アイスケーキ13品

メゾン ジブレー

MAISON
GIVRÉE

江森宏之

柴田書店

恰好のよい、洒落たお菓子を学びたいと思って渡ったフランスだったが、パリから東へ300km、ロレーヌ地方にある「パティスリー フレッソン」で働くうちに、自分のお菓子に対する考え方が変わった。M.O.F.（フランス国家最優秀職人章）を受章したフランク・フレッソンさんが作るお菓子の多くは、意外にも季節の果実を使ったシンプルなタルトや焼き菓子だった。毎日、とれたての果実が農家から運ばれてくる。ときにはシェフ自身が農家へ出向き、食べ頃のサクランボやベリーを摘んでくる。そんな環境で過ごすうちに、果物の生産者との距離の近さに魅力を感じるようになっていった。鮮度や熟度の高さによる味わいや香りの違いだけではなく、果物の生命力をお菓子に盛り込むことができるからだ。

　東京に戻り、「グラッシェル」というアイスケーキ専門店で働くようになって、その思いが東京近郊でも実現できることに気づいた。旬の時期に大量に収穫した果物を一気に冷凍し、年間を通してお菓子作りに活用するのである。その頃から頻繁に産地を訪れ、生産者とも緊密につき合うようになっていった。そして、自分の店を構える際には、果物はすべて生産者から仕入れることを決めた。

　また、店をもつならば、郊外型の大型店にしようと考えるようになった。「ジブレー」という店名は、フランス語で「氷菓」の意味である。自分の強みであるジェラートの技術も生かして、郊外にあっても宅配できるアイスケーキや、近隣の人がふらりと食べに来てくれるジェラートを、生菓子や焼き菓子に並ぶ大きな柱にしようと思った。そのためには、広い厨房やストックスペースが必要。お客さまの生活スタイルや世帯年収なども考えると、郊外立地に勝機があるように思えた。

　メゾン ジブレーで使う果物は、すべて生産者から直接取り寄せている。市場や青果店から購入するのではなく、産地直送の素材にこだわっている。当店の菓子に顔を近づけてもらえば、百貨店やスーパーで販売している果物とは艶や香りが全く違うと感じ取ってもらえるのではないか。実際、開店当初に「フルーツがこんなに美味しいなんて知らなかった」という言葉を何度もいただいた。本書では、そうした果物のすばらしさと、それを生かす加工技術を伝えたいと思い、果物の旬や品種による風味の違い、素材ごとの扱いや、製菓への活用の仕方を詳細に解説している。

　現在、中央林間の本店と南町田グランベリーパークの支店の2店舗を経営し、ありがたいことに両店で年間20万〜30万人のお客さまに来店していただいている。私は、自分のやるべきことを2つの軸でとらえている。1つは、メゾン ジブレーを、街を活性化させる地域一番店に育てること。おいしいお菓子を作ることで、地域のお客さまに安らぎと幸せな時間を提供したい。もう1つは、生産者と信頼関係を築き、行政や企業と連携して、良質な日本の果物を多くの人に伝えること。日本は世界のなかでも果物を食べる量が極めて少ないという。生産者を支援するうえでも、果物の利用法を提案していきたい。この2つの思いを本書に詰め込んだ。私の製菓と果物への思いを読み取ってもらえれば、こんなにうれしいことはない。

江森宏之

目次

季節の素材で作る菓子

イチゴ

柑橘類

トロピカルフルーツ

夏野菜

モモ

基本の生地とクリーム

基本の生地

基本のクリーム

取材・執筆
小松宏子

校正
諸隈のぞみ

編集協力
阿部純也
米山駿

撮影
尾嵜太

デザイン
三木俊一（文京図案室）

作りはじめる前に

＊商品名とパーツ名は、基本的に店の表記に準じています。

＊レシピは、メゾン ジブレーで作られる単位を基本としています。まとめて作って保存するもの、少しずつ作るほうがふさわしいものなどは、必ずしもそのでき上がり量が菓子の個数に必要な量とは限りません。

＊材料は、とくに記載がない場合、すべて室温に戻します。

＊粉類はあらかじめふるって使用します。

＊打ち粉は、とくに記載がない場合、強力粉を使います。

＊バターは、とくに記載がない場合、無塩タイプを使用しています。

＊バニラビーンズは、とくに記載がない場合は、サヤを裂いて種を取り出し、サヤと種をともに使用しています。

＊板ゼラチンは、氷水で戻し、水気をきってから使用します。

＊ボーメ30度のシロップは、水100gに対してグラニュー糖135gを鍋に入れ、中火にかけてグラニュー糖を溶かしたものです。

＊ミキサーで撹拌する際は、適宜止めて、ゴムベラやカードなどでボウルの内側やアタッチメントについた生地・クリームをきれいに払い落とします。

＊ミキサーの速度や撹拌時間は、あくまでも目安です。ミキサーの機種や生地・クリームの状態に応じて適宜調整してください。

＊オーブンの温度や焼成時間は、あくまでも目安です。オーブンの機種や生地の状態に応じて適宜調整してください。

＊室温の目安は22℃です。

季節の素材を追いかけて

ショーケースには、全国の生産者から取り寄せた季節のフルーツはもとより、トウモロコシやアスパラガスなど野菜を使った生菓子が約40品。全国約200軒の生産者とつながり、旬の素材を使った菓子を次々に発表するメゾン ジブレー。素材の目利きと仕入れ、産地直送の素材を菓子作りに生かす手法を、本書の項目に沿って解説する。

月に4〜5軒の農家を回り、生産者の顔を見て、栽培についての苦労や果実の特徴を聞き、試食をして、味を確かめる。自分の舌で品質を見極めたうえで、継続して仕入れを続けている農家が200軒以上。写真は愛媛・真穴地区のミカン農園。

神奈川・小田原にある小清水農園。「かなこまち」という品種を栽培。

新潟・上越の「越後姫」。

イチゴ

メゾン ジブレーでは、イチゴだけで25種類くらいを使用している。つい最近までは、甘くて形のよい、「あまおう」のようなイチゴが重用されたが、今は、より、香りや酸味が重視されるようになってきているように思う。各イチゴの味や香りの違いを見極めて、ケーキによって使い分けている。

どのイチゴも、ぎりぎりまで完熟させたものを生産者から直接送ってもらっているが、どれくらい日持ちがするのか、ということも考えなければならない。例えば、フレジエなどは、組み立てに2日かかるケーキなので、それだけ日持ちがするものでないと対応できない。

また、12月から2月はどこのイチゴも美味しいが、それ以外の時期にどういうイチゴを使用するかは、パティスリーにとって大きな問題だ。愛媛の「レッドパール」や新潟の「越後姫」は4月末から5月くらいまで使用できる。また、岩手の「リアスターベリー」は、通年とれるイチゴなので、イチゴのない夏にも使える品種として重宝し

埼玉・秩父の和銅農園のハウス。あたり一面にイチゴの香りが立ち込める。

ている。

つねに新品種には注目していて、お客さまに「新しいイチゴが出ている」と興味をもってもらいたいので、いち早く取り寄せてショーケースに並べている。一方で、「女峰」のような以前からある品種も活用し、バラエティ感を出している。イチゴフェアを行うこともあり、さまざまな品種のイチゴのケーキを並べて、楽しさを演出している。

栃木の伊澤いちご園で「とちおとめ」などのイチゴ生産者と。

神奈川・小田原の八木下農園。「湘南ゴールド」などを生産。

柑橘類

柑橘類とひと口に言ってもさまざまな果物があるが、本書ではバレンシアオレンジ、グレープフルーツ、レモン、ブラッドオレンジ、金柑を使用したお菓子を紹介している。柑橘類は、国産のものをメインに使用したいと思っている。九州、瀬戸内、和歌山、神奈川など、日本各地に産地があり、初夏のグリーンレモンから、早生のミカン、晩生の晩柑系、春先の晩白柚まで、1年を通して、それこそ2週間ごとに主役が入れ替わる。また、ブラッドオレンジやグレープフルーツなど、これまで輸入品しかなかったものも、日本で生産されるようになってきた。心ある生産者と知り合い、品質のよいものに出合えれば、どんどん国産品を使っていきたいと思っている。

　柑橘類は、フレッシュのままタルトなどに使用するほか、果汁を搾って使用したり、ジャムやマーマレードに加工したりすることも多い。皮も、苦みや香りがとても特徴的で魅力があるので、刻んだり、すりおろしたりして、味わいのアクセントにすることも。また、レモンのスライスをコンフィにしてデコレーションに使ったり、金柑などはスライ

愛媛・岩城島の脇農園。甘みと香りが豊かな「紅まどんな」などを生産。

スしてそのまま飾りにしたり、幅広く活用できる果物だ。

　柑橘のお菓子といえば、小田原市から土産菓子を考案してもらえないかという依頼を受けて製作した、神奈川産「湘南ゴールド」を使用したバターケーキがある。果肉と果汁をたっぷり使うのはもちろん、これまで破棄されていた皮もコンフィにして生地に混ぜ込んだフードロスをめざした商品で、今では当店を代表する焼き菓子になっている。

たわわに実る、宮崎の完熟金柑。皮ごと食べられる。

「紅まどんな」は愛媛オリジナル品種
で、なめらかな食感が特徴。

愛媛・中島の中田農園で。「デリッシュネーブル」や
「紅まどんな」などを栽培している。

トロピカルフルーツ

マンゴー、パッションフルーツ、パイナップルな
ど、いわゆる常夏の産地で生産されてきた果
物も、現在は国産のものが多く出回っており、
当店では国産品を使用している。それは、国
内の生産者を応援したいことはもちろん、クオ
リティや鮮度においても、輸入品を上回ってい
るからだ。

　マンゴーは、宮崎産をおもに使用している。
宮崎の魅力をアピールする「みやざき大使」を
務めていることから知り合った生産者の方々と
長いお付き合いをさせてもらっている。宮崎の
マンゴーはネットに落ちた完熟のマンゴーを収
穫しているため、なめらかな食感と濃密な甘み、
豊かな香りが特徴だ。当店では、その宮崎産
マンゴーを年間1トン以上購入している。これ
はかなり大きい数字なのではないかと自負して
いる。

　パイナップルは、沖縄・石垣島から仕入れる
ボゴールパインとピーチパインを使用している。
両方とも小ぶりで、芯の部分まで食べられるの
で、お菓子の製造工程上で手間が省けるとい
う利点もある。手でちぎって食べられるほど柔ら
かいことから、両方ともスナックパインという愛
称で親しまれている。大切にしたいのは、やは
り南国らしい甘酸っぱい香りだ。とくに、ピー
チパインは果肉が白く、モモに似た香りが特徴
なので、なるべく香りが強いものを選ぶようにし
ている。

　パッションフルーツも国産品が増えてきてい
る。おもな産地は鹿児島、沖縄、そして意外に
も東京都が3位に入っている。生食の醍醐味
は、さわやかな酸味とプチプチとした種の食
感。選ぶ際のポイントは、完熟具合。充分に
完熟したもので、甘みがピークに達したものを
選びたい。

宮崎の名産品の「黒皮かぼちゃ」。黒く艶やかな皮が特徴。

宮崎・佐土原町の「佐土原ナス」。

夏野菜

開店当初から、野菜もお菓子やジェラートの素材として活用してきた。果実より糖度の高い野菜もあるので、使い方によっては充分に美味しいお菓子を作ることができる。トウモロコシは、高いものでは糖度20度を超えるものもあり、当店でもお菓子やジェラートに活用している。品種改良も盛んで、生で食べられるものも出てきている。欧米ではトウモロコシは家畜の飼料というイメージが強く、お菓子にはあまり使われなかったが、最近は料理人が好んで使うようになったせいか、トウモロコシに対するイメージも変わったように思う。プチプチと弾ける食感、夏を感じさせる甘みを利用しない手はない。当店では、北海道産のトウモロコシを使用している。

　また、当店では、アスパラガスもよく使っており、こちらも北海道産を使用している。茎が太く、充分に甘みと旨みをたくわえたものが製菓には向く。オリーブオイルで軽くソテーすることで、より青々とした清々しい風味を引き出すことができる。

　フルーツトマトも、製菓に向く野菜だ。高知の「アスリートトマト」は、極力水やりを

北海道・厚沢部町のジェットファームのアスパラガスのハウスで。

少なくして過酷な環境で育てると同時に、これはよいという実だけを残して多くを間引くことで、甘みや酸味、風味を凝縮させる。力強い実だけが残ることから、アスリートという名がついたそう。本書ではレモンの果汁やオリーブオイルでマリネするなどして、トマトの爽やかな酸味と甘みを生かしたグラスデザートを提案している。

岩手・盛岡のサンファームのサクランボ。何種類ものサクランボを生産。

モモ

華やかな香り、エレガントな甘みをもつモモは、夏のショーケースを彩る果物。毎年6月の終わりから8月の終盤まで、九州は熊本から、岡山、山梨、福島、岩手、山形と、完熟のモモを求めて産地を変えながら取り寄せている。果肉まで白い「清水白桃」と、熟すと果肉に赤みを増す「あかつき」が、白桃のなかでも2大品種である。より、エレガント感を際立たせたいなら清水白桃を、しっかりとした果肉感や、野性みを感じさせたいなら、あかつきを使用するのがよい。シャルロットのような繊細な生菓子には清水白桃、焼き込んだタルトにはやや歯ごたえがあるあかつきが合うと思う。

また、本書では割愛したが、スモモ、ネクタリンなども、製菓素材として大きな可能性をもっている。果肉が固く酸味が強いので生で使用するのは難しいが、焼き菓子やコンポート、ジャムなどには適していると思う。

サクランボ、ベリー類

小粒で鮮やかな赤色、甘酸っぱい風味で、洋菓子には欠かせないサクランボとベリー類。とくに、フランボワーズはピューレやソースにしてクリームや生地に風味をつけたり、デコレーションとしてトッピングしたり、さまざまな場面で使用している。ピューレにしろ、冷凍ホールにしろ、海外からの輸入ものが大半だが、最近は岩手や山形、北海道でフランボワーズが栽培されるようになり、国産品も見られるようになった。ヘタのついているものがあれば、それは国産品の証。ただ、価格が高く、風味が海外産に比べて大人しいので、当店では国産のフランボワーズはデコレーション用として使用している。

ブルーベリーは、国産でも品質のよいものがたくさん出てきているので、ほかのベリー類と合わせて使っていきたい。当店では、長野や岩手で栽培されたものを使用している。選ぶポイントは、皮に張りがあること。

サクランボは、生のまま使用する場合は、果肉が大きく、甘みも強い、アメリカンチェリー系の品種を選ぶ。サワーチェリー系は、酸味が強いので加工して使用する。種を抜き、加糖して煮込み、冷凍保存する。当店では、旬の時期に大量に取り寄せて、加工して翌年のぶんまで仕込んでいる。

栗の名産地、宮崎・小林市須木で。
早生の須木栗。

秋の果実、野菜

栗は、和栗の需要が高まっているが、一方で栗農家の高齢化が進み、今後は課題も多く残されている。それは、ほかの果実にもいえることで、日本全体の問題として考えなければならない。栗は、早生、中生、晩生と時期をずらして、南から北に、栗の旬を追いかけていく。以前は、栗はとれたての鮮度のよいものほど美味しいといういうのが常識であったが、現在はエイジングの研究により、収穫した後にしかるべき温度と日数で保存することで糖度を上げられることがわかった。かつては早生の栗は美味しくないといわれていたが、エイジングの仕方次第で、糖度は30度まで上げられるという。栗に関しては、品種による違いよりも、エイジングによる違いに注目している。

　イチジクは、ぎりぎりまで完熟させることが必要だと思っている。というのも、イチジクが嫌いという人は、その青臭さを理由に挙げることが多いからだ。フランスで「黒いダイヤ」ともいわれる高級品種「ビオレソリエス」は、水分が少なく、実が詰まって

岩手・盛岡のサンファームにて。50
種類以上のリンゴを栽培している。

いて、製菓には向いていると思う。ヨーロッパの品種だが、新潟・佐渡などではよいものが作られている。ビオレソリエスを手本にした「とよみつひめ」は福岡で栽培されているが、こちらもすばらしい味わいだ。お尻の部分から蜜があふれるほど完熟させて使いたい。

　カボチャのお菓子は、ハロウィンの時期のみ提供。楽しみにしてくれているお客さまが多いので毎年作っている。本書で使用しているカボチャは、青森の「一球入魂かぼちゃ」。通常カボチャは1株に5〜6個の実をつけるが、一球入魂かぼちゃは1株に1つしか結実させず、甘みや風味を凝縮させる。当然のことながら甘みが強く、濃厚な味わいで、カボチャの風味を生かしたお菓子を作ることができる。

山梨・笛吹でブドウやモモ、スモモ
を栽培する桃武屋にて。

ブドウ

ブドウは、生で食べさせる場合がほとんどで、皮ごと食べられる種なしブドウをタルトやグラスデザートに取り入れている。果実はそもそも、皮と皮のすぐ下の果肉部分がいちばん香りがよく味が濃いので、皮ごと食べられる果実は、果実の風味をまるごと食せるという意味で、とても魅力的だ。

ブドウ選びで大切なポイントは、皮の張り、果肉の張りと甘み・酸味のバランスだ。今は「シャインマスカット」が人気だが、甘いだけではどうしても食べ飽きてしまう。甘みだけでなく、適度な酸味があり、さらに少しばかりの野性みがほしいところである。昔ながらの高級ブドウ品種「マスカット・オブ・アレキサンドリア」は、そのあたりのバランスがすばらしく、香りの高さでは群を抜いているので、香りを強調したいお菓子に使っている。

「巨峰」と「リザマート」を交配した「ナガノパープル」は、黒系ブドウでは珍しく、皮ごと食べられて種のないタイプ。緑、黒、赤とさまざまな品種のブドウを使用して、見た目にも華やかなお菓子を提案している。

リンゴ

当店では、リンゴは5種類くらいの品種を使用している。1つは、生産量日本一で、食味、風味、香りすべてにすぐれた「ふじ」。甘みと酸味のバランスがよく、煮崩れしにくいのもメリット。酸味が強い「紅玉」は、パイに活用。ほかに「ジェネバ」と「ピンクパール」という果肉が赤い品種も、パイなどに使用している。ややキメが粗く、生食にはあまり向かないが、パイに焼き上げたときに、赤い断面が美しく、食欲をそそるので、積極的に使っている。

もう一つ欠かせないのが、青リンゴの「グラニースミス」。これは、オーストラリアが原産で、酸味が強く、糖度は6度くらい。ただ、その爽やかな甘酸っぱさは貴重で、ジェラートなどには大変向いている。加熱すると糖度が12度くらいになるので、焼き菓子やジャムに仕立てるのもよい。

小麦粉

生地を作るのに、小麦粉は欠かせない。小麦粉には、薄力粉、中力粉、強力粉とあるが、これらの違いはグルテンの強弱の違いである。グルテンとは、小麦に含まれるタンパク質の一種であるグルテニンとグリアジンが水を吸収して網目状につながったもの。小麦粉に水を加えてこねることで、これら2つのタンパク質がからみ合ってグルテンが形成される。薄力粉はタンパク質含有量が少なく、グルテンの質が柔らかいのが特徴。強力粉はタンパク質を多く含み、強く伸展性にすぐれたグルテンを形成する。

製菓に使われるのはおもに薄力粉だが、本書ではパート・フィユテを仕込む際に強力粉を使用している。

［写真は左が薄力粉、右が強力粉］

砂糖・甘味料

お菓子＝甘いものである限り、甘味料は不可欠だが、なかでも砂糖は、甘みをつけるだけではなく、脱水する、柔らかくする、焼き目をつける、キャラメライズする、シロップ化するなど、さまざまな役割を担っている。

一般に砂糖の製造工程は、サトウキビなどの搾り汁を加熱し、遠心分離機にかけて結晶と糖蜜に分離する。その際、最初に結晶化するのがグラニュー糖。最も純度が高くくせがないので、お菓子作りにはおもにグラニュー糖を用いる。一方、素朴なやさしい甘みを感じさせたいときにはミネラル分を残したきび砂糖を使う。

転化糖は、ショ糖の分解によってできたブドウ糖と果糖の混合物。果糖の特徴であるすっきりとしたキレのよい甘みと、湿気を吸う吸湿性を併せもつので、製菓にはその特徴を生かして使われる。例えばグラニュー糖の一部を転化糖に置き換えることで、しっとりとした仕上がりのお菓子を作ることができる。

トレハロースは、でんぷんから作られる天然糖類。上品ですっきりとした甘みで、糖度はショ糖の45％と低く、砂糖と併用して使えば、甘さを控えて素材の風味を生かしたお菓子作りができる。

ブドウ糖は自然界に最も多く存在する単糖類で、ブドウ糖と果糖が結合することで砂糖（ショ糖）となる。単糖類は砂糖より凝固点降下作用（凍りはじめる温度の低下効果）が高いため、氷菓に使用される。そのほか、粉糖は上白

糖をキメ細かい粉の状態にひいて片栗粉を添加したもの。上白糖はグラニュー糖を分離した後の糖液から作られる。

［写真奥から時計回りに、きび砂糖、ブドウ糖、トレハロース、グラニュー糖］

乳製品

牛乳も生クリームも、原料は母牛が出す乳という自然なものであるから、まず、健康な牛の乳を選ぶことが前提。飼料にこだわり、牛のストレスを減らし、なるべく自然な状態で育てられた牛の乳であることが望ましい。そうした点も含め、メゾン ジブレーでは牛乳と生クリームに関しては、中沢乳業、タカナシ乳業、オーム乳業の製品を使用している。

生クリームは、加熱殺菌した牛乳を遠心分離機にかけてクリーム分を取り出して作るわけだが、その際にどれくらい乳脂肪を残すかで、35％、37％、47％などの製品になる。それらは用途に応じて使い分ける。

ケーキの外側を覆うクレーム・シャンティーは、食感の軽さを重視しているので、35％を泡立てて使用することが多い。生地にサンドするクリームや、クレーム・パティシエールに混ぜ込む場合など、濃厚なクリームの風味を前面に出したいときは、47％を使用。そして、クレーム・シャンティーにとくにこだわりたいときには、オーム乳業の38％を使用する。オーム乳業では、酪農家が丹精込めて育てた牛の乳を小ロットで加工しているので、クオリティの高さは一線を画している。

［写真左から中沢乳業「北海道フレッシュクリーム47％」、オーム乳業「ピュアクリーム38」、中沢乳業「Milk成分無調整」、タカナ

卵

卵黄のみ、卵白のみを使用する場合は、衛生面と利便性の両方から冷凍品を用いる。全卵を使用する場合は割卵を使用している。

　加糖凍結卵黄は、鶏卵から衛生的にセパレートした卵黄に砂糖を20％加え、急速冷凍したもの。凍結卵白は、鶏卵から衛生的にセパレートした卵白を急速冷凍させたもの。卵黄と卵白を分離する手間が省け、卵の殻が混ざる心配もない。

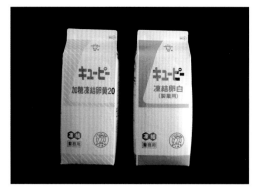

[写真は左が加糖凍結卵黄、右が凍結卵白]

チョコレート

メゾン ジブレーでは、ヴァローナ、バリーカレボー、カカオハンター、アマゾンカカオなど、十数社のクーベルチュールを使い分け、ビーン・トゥ・バーも手がけている。本書ではフルーツや生地のおいしさを最大限に生かすため、また再現性を高めるため、チョコレートはカカオ分58％のダークチョコレートを中心に使用している。

[写真は奥がヴァローナのダークチョコレート、手前左がカレボーのミルクチョコレート、右がカレボーのホワイトチョコレート]

ナパージュ

お菓子に光沢を与え、乾燥を防ぐナパージュは、無色透明のもの、果物の風味を生かしたものなど、さまざまな種類がある。メゾン ジブレーでは、無色透明のナパージュ

ヌートルやアプリコットジャムのほか、自店でバニラの風味をつけたバニラナパージュを使用している。

[写真上／左がナパージュヌートル、右はアプリコット風味。写真下／ボウルの中身は、自家製のバニラ風味のナパージュ]

安定剤

氷菓（ソルベ、ジェラート）のもちをよくし、安定性を高めるために必要な素材。「フルッタネーヴェ」は、乳製品を含まない、果実のソルベのための安定剤。キサンタンガム、ペクチン、グァーガム、グルコースを配合したもの。一方、「パンナネーヴェ」は、乳製品を含むジェラート用の安定剤で、グリセリン脂肪酸エステル、グァーガム、カラギーナン、アルギン酸ナトリウム、ローカストビーンガムを配合したもの。いずれもイタリア・カルピジャーニ社の製品。

[写真左が「フルッタネーヴェ」、右が「パンナネーヴェ」]

ゴムベラ

生地やクリームを混ぜるときや、ボウルの内側の生地を払うときに使う。衛生面を考えて、柄とヘラが一体になっているものを使用。

泡立て器

卵やクリームなどを撹拌するための器具。ミキサーで仕上げた生地やクリームを、泡立て器を使ってキメをととのえることも。

ナイフ

刃渡りの長いものからペティナイフまで、数種類を用意。果物を切ったり、ナッツを刻んだり、用途に応じて使い分ける。

シリコン型

オーブンにそのまま入れられるシリコン製の型で、半球形、円錐形などさまざまな形状や大きさがある。

パレットナイフ

ケーキにクリームやコーティング素材を塗るときに使う。段差のついたアングルパレットは、天板の縁より低い生地をならすときに便利。

口金

クリームの絞りに表情をつける口金の数々。右上から時計回りに、星口金、チューリップ口金、丸口金、サントノーレ口金、バラ形口金、平星口金。

温度計

照射して表面温度を計るタイプと、生地やクリームの芯温を計るタイプの2種類を用意。作業に応じて使い分けている。

ピケローラー

パート・シュクレ、パート・フィユテなどを焼く際に、生地の浮き上がりを防ぐため、空気抜きの穴をあける道具。

エキュモア

平たい、穴あきお玉のような形状。ジェノワーズ生地など、抱き込んだ気泡をつぶさないよう、生地をすくうようにして混ぜる際に使う。

カード

ボウルに残ったクリームや生地を払う、型に流した生地をならすなど、製菓のあらゆる場面で使われる。

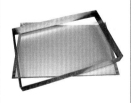

カードル

底のない角型で、天板と組み合わせて、生地を焼くときや、パーツを組み立てる際に使用。カードルのサイズが仕込み量の基準に。

パイカッター

歯車を転がして生地を切る道具。薄くのばした生地を切り分けるときに使用する。切り口が波形になる波刃もある。

等分器 (10等分)

でき上がったケーキやタルトを等分に切り分けるための道具。均等にナイフを入れるための線をつける。

製菓用ペーパー

バットに敷いたり菓子型に敷き込んだり、製菓に必須の業務用ペーパー。純白ロール紙（右2点）と、油脂分の多い生地に向くシリコンペーパー（左）。

ホイップクリームマシン

生クリームを素早く泡立てる卓上マシン。クレーム・シャンティーを大量に使用するパティスリーでは欠かせない機材。

オーブン

上下にヒーターがついた業務用デッキオーブン。プリンなどにはコンベクションオーブン（庫内にファンを搭載し熱風で加熱）を使用。

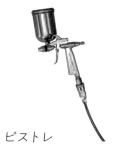

ピストレ

溶かしたチョコレートなどを霧状にして菓子にまんべんなく吹き付ける器具。ベルベットのような質感を付与できる。

卓上ミキサー

卵や生地、クリームなど、さまざまなものを撹拌するのに使用。用途に合わせて低速、中速、高速のスピード調整ができる。

フードプロセッサー

内蔵した刃で素材を切り刻み、粉砕し、ペースト状にするカッターミキサー。フルーツやナッツのペーストを作るのに便利。

ジェラートマシン

内容物を冷やしながら回転させることで、なめらかなジェラートに仕上げる。写真はイタリア・カルピジャーニ社製。

ケーキフィルム

型に敷き込んで、生地やクリームが型に貼りついてしまうのを防ぐために使用する。型より高く敷き込んで高さを出すこともできる。

ハンドブレンダー

食材をつぶしたり混ぜたりする際に使用する、手持ちサイズのブレンダー。少量の生地を手早く撹拌するのに便利。

ブラストチラー

粗熱とり・急速冷却・急速凍結するための機器。瞬時に冷蔵・冷凍できるので、菓子の形状が崩れることがなく便利。

フリッソンルージュ 4号
レモン風味のムースとベリーのジュレを
木苺入りの生地で囲みました。仕上げに
苺とホワイトチョコレートの生クリームを飾り付け。
小麦 | 乳 | 卵 | ナッツ類 | 酒
○ ○ ○ ○ × （税込 2,808円）
2,600円

ルノー 5号
ヘーゼルナッツの生地と、
オレンジ風味のバタークリームを
層にしました。
小麦 | 乳 | 卵 | ナッツ類 | 葉
○ ○ ○ ○ ○ （税込3,780円）
3,500円

伊澤農園さんの
とちあいか の タルト
♥ハート型で、とてもジューシー。
糖度が高く、酸味は低いイチゴです。
小麦 | 乳 | 卵 | ナッツ類 | 葉
○ ○ ○ ○ × （税込972円）
900円

ショコラータ　4号
フランス・ヴァローナ社のグアナラを使用。
チョコレートムースとクリーム・
チョコレート生地の組み合わせです。
小麦 乳 卵 ナッツ類 蕎
○ ○ ○ ○ ×
2,600円
(税込2,808円)

完熟きんかん たまたまと
ロイヤルクイーンのタルト
完熟のブランドきんかんと、
苺を合わせたタルトです。
小麦 乳 卵 ナッツ類 蕎
○ ○ ○ ○ ×
800円
(税込864円)

たまたま

季節の素材で
作る菓子

あまおう

福岡生まれ。現在の高級イチゴ
ブームの先駆けとなった品種。
「赤い」「丸い」「大きい」「旨い」
の頭文字をとって命名された。

とちおとめ

栃木を代表する品種。糖度が高
く、酸味のバランスがよく、果汁も
たっぷり。光沢のある赤色も特
徴。東日本で生産量1位を誇る。

イチゴ

日本人が愛してやまないフルーツ。それだけに、品種改良の技術には目を
見張るものがあり、毎年、新たな品種が市場を賑わせている。甘み、酸味、
香りなどの違いで使い分け、一層魅力的なイチゴ菓子を目指している。

ロイヤルクイーン

全体に赤みをおびて熟し、中ま
で赤く色づくのが特徴。口の中
にたっぷりの果汁と香り、豊かな
甘さが広がる。栃木の品種。

あまりん

埼玉生まれ。糖度が高く、酸味
が控えめで食べやすい。第1回
全国いちご選手権で最高金賞受
賞。粒の大きさは埼玉の他品種
と同等。

リアスターベリー

岩手・陸前高田の復興の際に信
州大学が開発した、通年収穫で
きる四季なりのイチゴ。完熟する
と、香りが華やか。

レッドパール

別名「赤い真珠」。その名の通り、
艶と芳醇な香り、豊かな風味をも
つ高級品種。「とよのか」と「アイ
ベリー」の掛け合わせ。

白イチゴ（淡雪）

食味は淡いが、通常の赤いイチ
ゴよりイチゴらしい味わいがする、
希少な品種。完熟すると種がピン
ク色になる。

かおりん

埼玉県内で栽培されている主要
な品種と比べて、非常に糖度が
高く、ほどよい酸味があるため、
食べたときのインパクトが強い。

イチゴのタルト

イチゴの愛らしさをそのまま閉じ込めたような気品があってあでやかなタルト。バターの香るナッティーなタルトの上に、まろやかなクレーム・ムースリーヌを絞り出し、イチゴをたっぷり。使用したイチゴは、果肉が柔らかくジューシーな「レッドパール」と、香りがよい「リアスターベリー」の2種。2種のイチゴを合わせることによる味や香りの相乗効果とともに、2種味わえる楽しさも考えている。

イチゴのタルト

材料（直径12cm・1台分）

パート・サブレのタルト［→p145］
……直径12cm・1台

フランボワーズジャム［→p160］……適量

クレーム・ムースリーヌ［→p159］……125g

デコレーション
イチゴ（リアスターベリー）……11個
イチゴ（レッドパール）……5個
バニラナパージュ*……適量
フランボワーズジャム……適量
イチゴの花……適量
ベルローズ……適量
タイム……適量
粉糖……適量
*ナパージュヌートル100g（作りやすい分量、
以下同）にバニラビーンズの種（1/5本分）を加
え混ぜたもの

2 先端にフランボワーズジャムをつけ
たリアスターベリーをタルトの周囲
に並べ…*c*、クレーム・ムースリー
ヌの上には乱切りにしたレッドパー
ルをたっぷりのせる…*d*。トップ
には半割りにしたレッドパールを
飾る。バニラナパージュを塗って艶
を出す。

1 タルトの上にフランボワーズジャム
をまんべんなく塗る…*a*。クレーム・
ムースリーヌを上にこんもりと絞る
…*b*。

3 フランボワーズジャムをところどころ
に絞り出し、味と色を補う。イチゴ
の花とベルローズ、タイムを飾る。
タルトのまわりに粉糖をふる。

イチゴのショートケーキが日本人の一番好きなケーキという説は、衆目の一致するところだろう。ふんわりしっとりしたスポンジ生地、軽やかな生クリーム、そして甘酸っぱいイチゴの組合せ。しかし、シンプルなだけに、スポンジ生地とクリームの仕上がりが完璧でなければならない。ショートケーキに向くイチゴは、素直で品のよい甘さの「とちおとめ」。濃厚な色と味わいが特徴の「ロイヤルクイーン」はコンポートやジュレに使う。

イチゴの ショートケーキ

イチゴのショートケーキ

材料（直径15cm・1台分）

パータ・ジェノワーズ[→p146]
……直径15cm・1台

イチゴコンポート
イチゴ（ロイヤルクイーン）……300g
グラニュー糖……100g

クレーム・シャンティー（サンド用）
38％生クリーム……250g
粉糖……20g

イチゴ（とちおとめ）……12個

イチゴシロップ
イチゴコンポート……50g
水……50g
→上記材料を混ぜ合わせる

クレーム・シャンティー（上掛け用）
38％生クリーム……200g
粉糖……16g

アーモンドダイス……適量

デコレーション
イチゴ（とちおとめ）……適量
イチゴジュレ*……適量
バニラナパージュ[→p25]……適量
タイム……適量
*イチゴコンポート50gにナバージュヌートル15gを加え混ぜる

1 イチゴコンポートを作る。鍋にへたを除いたロイヤルクイーンを入れ、グラニュー糖を加えて一煮立ちさせ、泡立て器でつぶしながら煮詰める…*a*。ブレンダーで撹拌してなめらかにする…*b*。

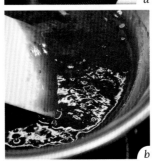

2 パータ・ジェノワーズを3枚にスライスし、1枚目に1のイチゴコンポート20gを塗る…*c*。サンド用の生クリームと粉糖を合わせてミキサーで泡立て、8分立てのクレーム・シャンティーをつくる。ジェノワーズの上に厚さ5mmにナッペする…*d*。

3 3等分にスライスしたとちおとめを、周囲1.5cmと真ん中を少々あけて並べる…*e*。

4 サンド用クレーム・シャンティーをナッペし…*f*、2枚目のジェノワーズをのせ、イチゴシロップ30gを打つ…*g*。

5 クレーム・シャンティーを2と同様にナッペし、3と同様にイチゴを並べ…*h*、クレーム・シャンティーを塗り重ねる。

6 3枚目のジェノワーズをのせ、イチゴシロップ30gを打ち、上面と側面にクレーム・シャンティーをナッペする…*i*。

7 上掛け用の生クリームと粉糖を合わせて7分立てにし、全面にナッペする…*j*。

POINT 8分立てと7分立てのクレーム・シャンティーを組み合わせて、保形性と口あたりのよさを両立させる。

8 アーモンドダイスを側面の下部に貼りつける…*k*。

9 7の残りのクレーム・シャンティーをバラ形の口金をつけた絞り袋に入れ、上面の縁に絞る…*l*。中心にクレーム・シャンティーを丸く絞る。周囲にイチゴジュレをつけたとちおとめを1周並べ、中心に乱切りにしたとちおとめを盛る…*m*。乱切りのとちおとめにバニラナパージュを塗って艶を出し、タイムを飾る。

フランスでイチゴのケーキといえば、クレーム・ムースリーヌでイチゴをサンドしたフレジエがポピュラーだ。日本で修業しているときは、クレーム・ムースリーヌにそれほどの美味しさは感じていなかったが、フランスでは衝撃を受けた。それで、一から勉強。しっかりとバターを乳化させて、それから泡立てることで軽さを出せることがわかった。日本でもその味わいを伝えたいと思い、フレジエを作り続けている。

フ
レ
ジ
エ

フレジエ

材料（38cm×21cm）

ビスキュイ・ジョコンド［→p147］
……38cm × 21cm・2枚

グランマルニエ入りイチゴシロップ
イチゴシロップ［→p27］……186g
グランマルニエ……10g
→上記材料を混ぜ合わせる

グランマルニエ入りクレーム・ムースリーヌ
クレーム・ムースリーヌ［→p159］……2400g
グランマルニエ……32g

イチゴ（あまりん）……50個

ピストレ用チョコレート
ダークチョコレート……60g
カカオバター……40g

イチゴジュレ［→p27、分量は下記の通り］
イチゴコンポート［→p27］……200g
ナパージュヌートル……100g

デコレーション
グランマルニエ入りクレーム・ムースリーヌ
　　……適量
バニラナパージュ［→p25］……適量
イチゴ（あまりん）……適量
フランボワーズ……適量
ベルローズ……適量

1 ビスキュイ・ジョコンド1枚をピケし
…*a*、カードルに入れ、グランマルニエ入りイチゴシロップを打つ…*b*。パレットナイフでならして、シロップを生地にしみ込ませる。

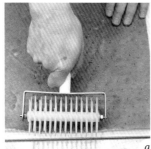
a

b

2 太めの平口金でグランマルニエ入りクレーム・ムースリーヌを絞る。まず端から絞り、中を埋めていく…*c*。

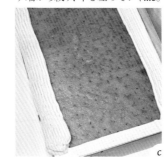
c

3 あまりんを並べる。まず、横半分と縦半分に切ったイチゴを交互に、断面を外側に向けて、側面に1周並べる…*d*。中は縦半分に切ったイチゴを1列ずつ、断面を下にして、向きを変えて並べる…*e*。

d

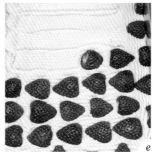
e

4 3の上に丸口金でグランマルニエ入りクレーム・ムースリーヌを絞り…*f*、平らにならす。

f

5 もう1枚のビスキュイ・ジョコンドもピケしてグランマルニエ入りイチゴシロップを打ち、パレットナイフでならしてシロップを生地にしみ込ませる。焼き面を下にして4の上にのせる…*g*。上面にシロップを打ち、パレットナイフでならして、シロップを生地にしみ込ませる。

g

6 上面にグランマルニエ入りクレーム・ムースリーヌを平口金で絞り、ナッペする…*h*。

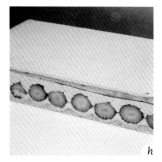
h

7 ピストレの準備をする。ダークチョコレートとカカオバターを溶かして合わせ、ピストレに入れる。

8 6に斜め格子の型をのせ、7を吹き付ける…*i*。型をはずし、イチゴジュレを薄く塗る…*j*。

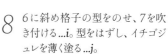

i

j

9 カードルの側面をバーナーで温めてはずし、ナイフで端を落としてから10cm角に切り分ける。

10 グランマルニエ入りクレーム・ムースリーヌを星口金で上面に数ヵ所絞り、先端にバニラナパージュをつけたあまりんをのせる。縦半分に切ったへたつきのあまりんをあしらい、フランボワーズ、ベルローズを飾る。

イチゴのパンナコッタ

瑞々しく、ほのかにミントが香る、つるりとのどを滑るゼリー。その奥へとスプーンを進めれば、とろりと柔らかなパンナコッタが現れる。グラスの底にはイチゴとフランボワーズの酸味がしっかりきいたソースがたっぷり。イチゴだけでは弱い味わいが、フランボワーズを加えることで、ぐっと強さを増して締まり、まろやかなパンナコッタを受け止めてくれる。

イチゴのパンナコッタ

材料（口径6cm×高さ9cmのグラス・10個分）

ミントゼリー
水……550g
グラニュー糖……150g
アガー……12.5g
アップルミント……2g

赤い実のソース
イチゴピューレ（自家製）*……33g
フランボワーズピューレ（自家製）*……33g
グラニュー糖……20g
板ゼラチン……2g
濃縮イチゴシロップ……2g

＊イチゴ、フランボワーズを、それぞれブレンダーでピューレ状にする。冷凍品を解凍して撹拌すると、短時間でできる

パンナコッタ
35%生クリーム……320g
牛乳……320g
グラニュー糖……50g
アガー……4g
板ゼラチン……1.1g

イチゴ（あまおう）……250g
イチゴ（白イチゴ）……250g
イチゴコンポート［→p27］……50g

1 ミントゼリーを作る。鍋に水を入れて火にかける。45℃になったらグラニュー糖とアガーを加え混ぜ、80℃まで加熱する…**a**。

2 1を高さのあるボウルに移し、氷水にあてて冷やす。50〜60℃になったらアップルミントを加え、ブレンダーで粉砕する…**b**。ざるで漉し、ざるに残った葉をカードで押してしっかりと風味を抽出する…**c**。バットに流して冷蔵庫で冷やし固める。

3 赤い実のソースを作る。イチゴピューレ、フランボワーズピューレを鍋に入れて火にかけ、45℃になったらグラニュー糖を加え混ぜる…**d**。60℃になったらふやかしておいた板ゼラチンを加えて混ぜ溶かし、濃縮イチゴシロップを加える。デポジッターに移し、グラスに4g注ぐ…**e**。ブラストチラーで冷凍する。

4 パンナコッタを作る。鍋に生クリームと牛乳を合わせて火にかけ、45℃になったらグラニュー糖とアガーを加え混ぜる。80℃まで加熱したら火を止め…**f**、ふやかした板ゼラチンを加える。

5 3に4のパンナコッタをグラスの高さの半分まで流し、バーナーで泡を消して冷やし固める。上から赤い実のソースを4g注ぎ…**g**、ブラストチラーで冷やし固める。

6 あまおうと白イチゴを乱切りにし、イチゴコンポートでマリネする…**h**。

7 5の上に6をのせ、2のミントゼリーをすくってのせる…**i**。

フリッソンルージュ

イチゴの赤をテーマに、"女子受け"するイメージで作った一品。トップはピンク色をしたホワイトチョコレートのガナッシュ・モンテ。赤の水玉のかわいらしい生地の中は、ほどよく酸味がきいたレモンバニラムースで、その中心には、イチゴとパッションフルーツのジュレを潜ませている。パッションフルーツを合わせたのは、酸味を際立たせたかったから。甘みと酸味が幾重にも重なり、心地よい余韻を残してくれる。

材料（30個分）

イチゴのガナッシュ・モンテ
35％生クリームA……232g
転化糖……38g
ホワイトチョコレート……192g
35％生クリームB……540g
濃縮イチゴシロップ……20g

イチゴとパッションフルーツのジュレ
パッションフルーツピューレ……67g
イチゴ（ロイヤルクイーン）……133g
グラニュー糖……48g
板ゼラチン……2g
冷凍フレーズデボア……適量

レモンバニラムース
35％生クリーム……600g
バニラビーンズ……1/2本
グラニュー糖……84g
板ゼラチン……11g
レモンの皮……1個分
パータ・ボンブ
　グラニュー糖……126g
　水……34g
　加糖卵黄……168g
　35％生クリーム……88g

赤点のビスキュイ・ジョコンド［→p147］
　……約18cm×3.6cm・30枚、
　3.5cm×3.5cm・30枚
粉糖……適量

デコレーション
イチゴ（かおりん）……適量
フランボワーズ……適量
バニラナパージュ［→p25］……適量
ベルローズ……適量
タイム……適量

1　イチゴのガナッシュ・モンテを作る。鍋に生クリームAを入れて火にかけ、転化糖を加え、沸いたらホワイトチョコレートを入れた容器に注ぎ…**a**、ブレンダーで混ぜて乳化させる。しっかりと溶かしてゆるいガナッシュを作り、生クリームBを加え混ぜ…**b**、一晩冷蔵する。濃縮イチゴシロップを加え、ブレンダーでしっかり撹拌する…**c**。

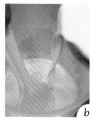

POINT 乳化させてすぐに泡立てると分離するため、一晩ねかせる。

2　ムースのセンターに入れる、イチゴとパッションフルーツのジュレを作る。鍋にパッションフルーツピューレとロイヤルクイーンを入れ、エキュモアでつぶしながら加熱する…**d**。45℃になったらグラニュー糖を加え混ぜ、80℃になったら板ゼラチンを加えて混ぜ溶かす。エキュモアでつぶしきれないぶんはブレンダーで軽くつぶす…**e**。くたくたになるまで煮るが、果実感はしっかり残す。

3　直径4cmの円盤形のシリコン型に、高さ2/3まで2を注ぎ、冷凍のフレーズデボアを2個ずつ入れ…**f**、ブラストチラーで冷凍する。

4　レモンバニラムースを作る。鍋に生クリームとバニラビーンズを入れて火にかける。45℃になったらグラニュー糖を加え混ぜ、80℃になったら板ゼラチンを加えて混ぜ溶かす…**g**。レモンの皮をすりおろして加え、香りを移す…**h**。ざるで漉してレモンの皮を取り除く…**i**。

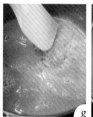

POINT 漉す際はバニラビーンズとレモンの皮をゴムベラで押し、バニラとレモンの香りをしっかり抽出する。

5　パータ・ボンブを作る。グラニュー糖と水を鍋に入れ、117℃まで煮詰めてシロップをつくる。40℃に温めた卵黄にシロップを加え…**j**、ざっと混ぜる。ざるで漉しながらミキサーボウルに移し…**k**、しっかりと泡立てる…**l**。

6 6分立てにした生クリームに、35℃に調整した5を加え、なめらかになるまで混ぜる…m。

m

7 4に6を少量加えてよく混ぜ…n、それを6のボウルに戻してなめらかな状態になるまで混ぜる…o。レモンバニラムースの完成。

n

o

8 赤点のビスキュイ・ジョコンドの上に粉糖をふり…p、約18cm×3.6cm（直径6cm×高さ4cmのセルクルの内周×セルクルの9分目の高さ）に切り分ける。

p

9 セルクルの内側にフィルムを巻き…q、8を、焼き面を外側にしてセルクルに沿わせるようにして中に入れる。底には3.5cm×3.5cmに切った生地を、焼き面を上にしてはめ込む…r。

q

r

10 7のムースを9に半分くらいの高さまで絞り入れ…s、3を逆さにして入れる…t。7のムースを型いっぱいに絞り入れ、余分をパレットナイフで除く…u。ブラストチラーで冷凍する。

s

t

u

11 セルクルをはずしてフィルムを除き、上にイチゴのガナッシュ・モンテを絞る…v。かおりんの薄切りと半割りにしたフランボワーズを飾り…w、バニラナパージュを塗って艶を出す。ベルローズとタイムを飾る。

v

w

メゾン ジブレーの店作り

白を基調とした、南仏の街角にありそうなパティスリーをイメージして、意見を交換しながら設計してもらった外観。店内は、ゆったりとくつろいでもらいたいと吹き抜けにし、高い天井からはドライフラワーなどを吊るし、店頭のミモザの木やハーブを植えた庭と相まって、ナチュラルな空気感を作り出している。

店を入ってすぐの正面にどんとショーケースを置き、日替わりで40品ほどの生菓子を並べるようにしている。生菓子はいずれも旬の果物をふんだんに使い、ショーケースの中でぱっと花が咲いたような華やかな雰囲気に仕上げている。ショーケースの左手は、焼き菓子のパッケージを中心にディスプレー。ハロウィンやクリスマスなど季節のイベントのオリジナルショップバッグやボックスを並べ、夢のある空間を作り出している。

郊外型の大型店を作りたかったというのは、前書きでも述べた通りであるが、こうした店作りが可能になったのも、ゆとりのある土地と近隣の環境あってのこと。自分のやりたいと思っていたことと、立地や環境がうまく合致し、ひいては集客につながったのではないかと思う。

現在2店舗で、スタッフの数は厨房と販売を合わせて50人と大所帯だ。最近オープンするパティスリーは少人数でコンパクトな店が多いが、人数が多いことのよさもある。製菓技術の継承ということもあるが、私自身、産地を訪ねて生産者に話を聞いたり、行政とタッグを組んで果物の活用法を考えたり、お菓子作りを軸にしつつ、製菓以外のさまざまな活動にも取り組んでいきたいと思っているので、厨房から離れられない店にはしたくなかった。外の世界とのつながりからアイデアが生まれることは多く、商品開発の際にも大いに役立っている。それが、店のカラーにもなっている。

グレープフルーツ
果汁の豊かさと、甘酸っぱさの中にあるほろ苦さが魅力。ほかの柑橘類では代用できない、唯一無二の味わい。

ブラッドオレンジ
血のような深い紅色からの名。地中海が主産地だが、愛媛などでも質の高いものが作られている。甘酸っぱさとほのかな苦みが魅力。

柑橘類

オレンジ、グレープフルーツ、レモンなど、お菓子に爽やかな風味を与えてくれる柑橘類。それぞれの果実がもつ、酸味、甘み、ほろ苦さ、香りなどを生かしたい。生の果肉や果汁を使うほか、皮ごと煮詰めてジャムなどに加工して使うことも。

バレンシアオレンジ
オレンジはフランス菓子にもっとも多く使われる柑橘類の一つ。芳醇な甘みと輪郭のはっきりした酸味、香りのバランスが別格。

レモン
鮮烈な酸味と香りはお菓子作りには不可欠。生の果汁や果皮はもちろん、ジャムなどの加工品も活用されている。

金柑
皮ごと食べられるので、薄くスライスしてデコレーションに使用。コンポートにしても美味だが、種が多いので処理に注意。

ルノー

新作を作る際は店頭のショーケースを眺め、「足りない色を補う」という観点で、色から発想することが多い。これは「オレンジ色のケーキを」と考えて生まれた一品だ。ヘーゼルナッツ入りのビスキュイ・ジョコンドと、オレンジ風味のバタークリームを重ね、オレンジ色のグラサージュで仕上げている。本来、その重さから敬遠されがちなバターケーキを、柑橘の酸味と爽やかな風味で軽やかに仕立てている。

材料（58cm×38cm）

ヘーゼルナッツのビスキュイ・ジョコンド
[→p147]⋯⋯58cm × 38cm・3枚

オレンジマーマレード（下記は作りやすい分量）
バレンシアオレンジ⋯⋯500g
水⋯⋯200g
グラニュー糖⋯⋯160g

グランマルニエシロップ
30°ボーメシロップ⋯⋯456g
水⋯⋯456g
グランマルニエ⋯⋯23g
→上記材料を混ぜ合わせる

クルスティアン・ショコラ・オレ
ミルクチョコレート⋯⋯300g
ヘーゼルナッツペースト（自家製）*⋯⋯150g
フィヤンティーヌ⋯⋯130g
→溶かしたミルクチョコレートにヘーゼルナッツペーストを加え混ぜ、さらにフィヤンティーヌを加え混ぜる。自家製ヘーゼルナッツペーストはローストしたヘーゼルナッツをブレンダーでペースト状にしたもの

オレンジバタークリーム
イタリアンメレンゲ
　水⋯⋯200g
　グラニュー糖⋯⋯760g
　冷凍卵白⋯⋯370g
オレンジマーマレード⋯⋯350g
グランマルニエ⋯⋯45g
オレンジコンサントレ⋯⋯130g
バター⋯⋯1120g

グラサージュ
ホワイトチョコレート⋯⋯150g
グレープシードオイル⋯⋯30g
チョコレート用黄色色素⋯⋯1g
チョコレート用赤色色素⋯⋯0.5g
アーモンドダイス⋯⋯22g
→ホワイトチョコレートを溶かし、グレープシードオイル、黄色と赤色の色素を加え混ぜ、アーモンドダイスを加える

ヘーゼルナッツクリーム
35%生クリーム⋯⋯100g
ヘーゼルナッツペースト（自家製）⋯⋯10g

デコレーション
金柑⋯⋯適量
オレンジコンフィ⋯⋯適量
ヘーゼルナッツの糖衣掛け[→p160]
　⋯⋯適量
バニラナパージュ[→p25]⋯⋯適量
ビオラ⋯⋯適量

1 オレンジマーマレードを作る。バレンシアオレンジを皮ごと一口大に切り、鍋に水と合わせてくたくたになるまで煮る⋯**a**。ボウルに移してブレンダーで撹拌し、鍋に戻してグラニュー糖を加えてよく混ぜ、もう一煮立ちさせる⋯**b**。

a

b

2 ヘーゼルナッツのビスキュイ・ジョコンド1枚にグランマルニエシロップをたっぷりと打つ⋯**c**。

c

3 2の上にクルスティアン・ショコラ・オレを塗り広げる⋯**d**。

d

4 オレンジバタークリームを作る。まず、イタリアンメレンゲを作る。鍋に水とグラニュー糖を入れて火にかけ、117℃まで煮詰めてシロップを作る⋯**e**。ミキサーで卵白を泡立て、白っぽくなったら、撹拌しながらシロップを1/3量ずつ3回に分けて加える⋯**f**。最初は中速で撹拌し、水っぽさがなくなってきたら高速に切り替え、その後、中低速に落として撹拌する。

e

f

5 1のオレンジマーマレード350gにグランマルニエとオレンジコンサントレを加え混ぜ、32℃まで冷やす。それをポマード状のバターを入れたボウルに加え…g、ムラがなくなるまでよく混ぜる…h。

6 32℃以下に冷ました4のイタリアンメレンゲを、5回に分けて5に加え混ぜる…i。

POINT バターが溶けはじめる温度が32℃なので、32℃以下に冷まして加えること。

7 3に6を、厚みが7mmになるように塗る…j。2枚目の生地を、焼き面を下にして重ね、上面にグランマルニエシロップを打ち、再び6を7mmの厚さに塗る…k,l,m。3枚目の生地も焼き面を下にして重ね、上面にグランマルニエシロップを打ち、薄く6を塗る。ブラストチラーで冷凍する。

8 7を10cm角に切り分け、側面の、対になる2面をグラサージュに浸し、乾かす…n,o。

9 ヘーゼルナッツクリームを作る。生クリームを6分立てにし、1/5量をヘーゼルナッツペーストに加えてよく混ぜる。残りの生クリームと合わせてよく混ぜる…p。

10 8の上にバラ形の口金で9を絞り、金柑、オレンジコンフィ、ヘーゼルナッツの糖衣掛けを飾る…q,r。バニラナパージュで艶を出し、ビオラを飾る。

フランフラン

ヘーゼルナッツとレモンを組み合わせて、イタリアのコンクールに出品して優勝した作品。それを、店では、ピーカンナッツとレモンの組み合わせに置き換えて作っている。2枚重ねたフィルムを使ってグラサージュをはがす手法は、師匠のフランク・フレッソンさんがM.O.F.(フランス国家最優秀職人章)を受章したときの技で、それを受け継がせてもらっている。レモンの酸味とピーカンナッツのコク、そしてなめらかでまろやかなチョコレートの組み合わせは唯一無二と自負している。

フランフラン

材料（直径12cm・3台分）

ビスキュイ・ショコラ・サンファリーヌ［→p148］
……直径10cm・3枚

レモンマーマレード（下記は作りやすい分量）
レモン……300g
水……150g
レモン果汁……67g
グラニュー糖……150g

ピーカンナッツの糖衣掛け［→p160］……50g

レモンガナッシュ
35％生クリーム……70g
ミルクチョコレート……56g
レモンコンフィ……48g

レモンクリーム
加糖卵黄……36g
グラニュー糖……18g
オレンジピューレ……40g
パッションフルーツピューレ……20g
レモン果汁……20g
板ゼラチン……1g
バター……50g
レモンマーマレード……30g

ミルクチョコレートムース
牛乳……132g
板ゼラチン……2.2g
ミルクチョコレート……160g
35％生クリーム……270g
ヘーゼルナッツプラリネ……40g

グラサージュ
35％生クリーム……160g
グラニュー糖……13g
板ゼラチン……4g
ナパージュヌートル……24g
ヘーゼルナッツプラリネ……64g
黄色色素……適量

サブレ・ショコラ［→p145］
……直径12.5cm・3枚

デコレーション
ミルクチョコレート……適量
砂糖細工［→p160］……直径5cm・1枚
レモンコンフィ……1枚
ピーカンナッツの糖衣掛け［→p160］
……適量
タイム……適量

1 レモンマーマレードを作る。レモンを皮ごと一口大に切って鍋に入れ、水、レモン果汁と合わせてくたくたになるまで煮る。ボウルに移してブレンダーで撹拌し、鍋に戻してグラニュー糖を加えてよく混ぜ、もう一煮立ちさせる。

2 直径10cmのセルクルで抜いたビスキュイ・ショコラ・サンファリーヌに1を20gずつ塗る。砕いたピーカンナッツの糖衣掛けを散らし…a、ブラストチラーで冷凍する。

3 レモンガナッシュを作る。一煮立ちさせた生クリームをミルクチョコレートを入れた容器に注ぎ、ブレンダーで撹拌する…b。レモンコンフィの半量を加え混ぜる。

4 直径9cmのセルクルの底にラップをし、3をデポジッターで40gずつ流す…c。その上に残りのレモンコンフィを散らし…d、ブラストチラーで冷凍する。

5 レモンクリームを作る。卵黄にグラニュー糖の1/3量を加え、すり混ぜる。鍋にオレンジピューレ、パッションフルーツピューレ、レモン果汁を入れて火にかけ、残りのグラニュー糖を加える…e。45℃になったら卵黄のボウルに加え、よく混ぜて鍋に戻し、70℃まで温める。ふやかした板ゼラチンを加えて混ぜ溶かす…f。氷水にあてて冷やす。

POINT 焦げつかないように、鍋底をヘラでこするようにして混ぜる。最初は中火で60℃を超えたらゆっくり弱火で混ぜる。

6 37℃になったら高さのあるボウルに移し、角切りのバターを加え、ブレンダーで撹拌して乳化させる…g。クリーミーでもったりとした状態になったら…h、レモンマーマレードを加え混ぜる。

7 4のレモンガナッシュの上に6を
60gずつ流す …i。冷凍する。

8 ミルクチョコレートムースを作る。
牛乳を70℃まで温め、ふやかした
板ゼラチンを加えて混ぜ溶かす …j。
ミルクチョコレートを入れた容器に
注ぎ入れ、ブレンダーで撹拌する
…k。ヘーゼルナッツプラリネを入
れたボウルに加え、よく混ぜる …l。
氷水にあてて28℃まで冷やす。

9 生クリームを6〜7分立てにし、8
に一部を加え、よく混ぜる。生クリ
ームのボウルに戻して混ぜる …m。

10 38cm×4cmのフィルムを2枚用
意する。1枚を対角線で切り、もう
1枚のフィルムに重ね、三角形が
内側になるようにして、直径12cm
のセルクルの内側に巻きつける。
…n,o。その中に9を8分目まで絞
り入れる。7をレモンガナッシュを下
にしてのせる …p。さらに9を絞り、
2をピーカンナッツを下にしてのせ
る …q。ブラストチラーで冷凍する。

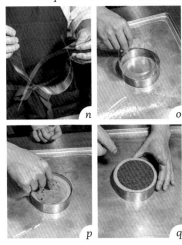

11 グラサージュを作る。鍋に生クリー
ムを入れて火にかけ、30℃になっ
たらグラニュー糖を加え混ぜる。70
℃になったら板ゼラチンを加えて
混ぜ溶かす。容器に移し、ナパー
ジュヌートル、ヘーゼルナッツプラ
リネと黄色色素を加え混ぜる …r。

12 型をはずして上下を返し、外側の
長方形のフィルムだけをはがして
ひと回り小さなセルクルの上に置
き、11のグラサージュをかける …s。
余分なグラサージュをパレットナイ
フで落とし、グラサージュが固まっ
たら三角形のフィルムをはがす …t。
サブレ・ショコラの上にのせる …u。

13 中央に溶かしたミルクチョコレート
を絞り、砂糖細工をのせ、レモンコ
ンフィとピーカンナッツの糖衣掛け、
タイムを飾る。

タルトシトロン

フランスで食べたタルトシトロンの美味しさに衝撃を受け、思い出の味として早速作るも、日本ではなかなか売れなかった。その理由は明快だ。小さくて薄くて、見た目にシンプルなので、お客さまの目をひかないのだ。そこで、なんとか売れるタルトにしたいと考えたのが、この一品。足し算の発想でタルト台の上にクレーム・シトロンをのせ、レモンゼストを加えたメレンゲをボリュームたっぷりに絞り出す。店の代表作にまでなったのはとてもうれしい。

タルトシトロン

材料（直径21cm・1台分）

パート・サブレのタルト[→p145]
……直径21cm・1台

レモンクリーム[→p42、分量は下記の通り]

加糖卵黄……78g
グラニュー糖……39g
オレンジピューレ……90g
パッションフルーツピューレ……45g
レモン果汁……45g
板ゼラチン……2.2g
バター……112g
レモンマーマレード[→p42]……67g

レモンマーマレード[→p42]……40g
バニラナパージュ[→p25]……適量

スイスメレンゲ

冷凍卵白……70g
グラニュー糖……35g
トレハロース……35g
レモンの皮……適量

デコレーション

粉糖……適量
レモン果肉……適量
タイム……適量

1 内側にフィルムを巻いた直径21cmのセルクルに、レモンクリームを高さ1.5cmまで流す…*a*。ブラストチラーで冷凍する。

2 タルトの上にレモンマーマレードを塗る…*b*。1を、型からはずしてフィルムを取り、上にのせる…*c*。

3 バニラナパージュを塗り…*d*、10等分に切り分ける…*e, f*。

POINT バニラナパージュを塗るのは、表面の艶出しのほか、上に絞るメレンゲが滑って落ちるのを防ぐため。

4 スイスメレンゲを作る。ボウルに卵白、グラニュー糖、トレハロースを入れ、湯煎にかけ、ゴムベラで軽く混ぜながら、60℃まで加熱する…*g*。ミキサーで柔らかな角が立つまで高速で撹拌し、40℃まで冷めたら、すりおろしたレモンの皮を加え混ぜる…*h*。

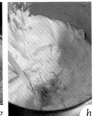

POINT スイスメレンゲは口あたりの軽いメレンゲなので、重くなりがちなレモンタルトに使用。レモンの皮を加えることで生ぐさみが取れる。

5 4がなめらかなうちに、1.2mmの丸口金で3の上に絞る…*i*。渦巻き状に絞り、重ねていく。

POINT 温かいうちに絞り切ることがきれいに仕上げるコツ。

6 バーナーでメレンゲに焼き目をつける…*j*。全体に粉糖をふり、1.5cm角に刻んだレモンの果肉を散らし、タイムを飾る。

タルト ブラッドオレンジ

旬のフルーツをたっぷりとのせたタルトは、メゾン ジブレーの定番商品。ここでは甘酸っぱさの中にほろ苦さがあり、大人っぽい味わいの国産のブラッドオレンジをタルトレットに仕立てた。トップにメレンゲを絞り、バーナーで焼き目をつけることで、見た目に一風変わった華やかさをプラスしつつ、ブラッドオレンジにはないやさしく穏やかな甘みを補完した。

材料（5個分）

パート・サブレのタルトレット［→p145］
……直径8cm・5個

スイスメレンゲ
冷凍卵白……70g
グラニュー糖……35g
トレハロース……35g
ブラッドオレンジの皮……適量

オレンジマーマレード［→p39］……50g
クレーム・ムースリーヌ［→p159］……200g
ブラッドオレンジ……5個

デコレーション
バニラナパージュ［→p25］……適量
ブラッドオレンジコンフィ……適量
タイム……適量
ベルローズ……適量

2　タルトレットにオレンジマーマレードを塗る…*b*。口径1.2cmの丸口金でクレーム・ムースリーヌをこんもりと絞り…*c*、カルチェにむいたブラッドオレンジを並べる…*d*。

3　ブラッドオレンジにバニラナパージュを塗る。スイスメレンゲをトップに絞り、バーナーで焼き目をつける…*e*。ブラッドオレンジコンフィ、タイム、ベルローズで飾る。

1　スイスメレンゲを作る。ボウルに卵白、グラニュー糖、トレハロースを入れ、湯煎にかけ、ゴムベラで軽く混ぜながら、60℃まで温める。ミキサーに移し、柔らかな角が立つまで高速で攪拌し、40℃まで冷ましたら、すりおろしたブラッドオレンジの皮を加え混ぜる…*a*。

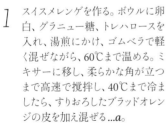

ヴェリーヌ パンプルムース

グラスを使うことで、柔らかな素材を重ねることができるのがヴェリーヌのメリット。瑞々しいフルーツの味わいとまろやかなクリーム類を重ねることで、デザート感覚の食感が得られる。今の時代のパティスリーには欠かせない品だと思っているので、季節を通していろいろなバリエーションを作っている。これは、ほろ苦いグレープフルーツジャムと、爽やかなオレンジゼリー、コクのあるクレーム・ディプロマットを組み合わせた一品。

ヴェリーヌ パンプルムース

材料（口径6cm×高さ9cmのグラス・10個分）

グレープフルーツジャム……150g
（下記は作りやすい分量）
グレープフルーツの皮……150g
グレープフルーツの果肉……300g
グラニュー糖……150g
ペクチン……3g

オレンジゼリー
オレンジ果汁……440g
グラニュー糖……100g
アガー……10g
赤色色素……適量

パート・フィユテのタルト［→p153］
……1.5cm角・50個

クレーム・ディプロマット［→p159］……300g

グレープフルーツ（果肉）……300g
オレンジ（果肉）……150g

デコレーション
バニラナパージュ［→p25］……適量
レモングラス……適量

1 グレープフルーツジャムを作る。グレープフルーツの皮を幅7mmに切り、鍋に入れる。水（分量外）を加えて火にかけ、沸いたらゆでこぼす…**a**。

2 水気をきった1とカルチェにむいたグレープフルーツの果肉を鍋に入れ、つぶしながら沸く寸前まで煮る…**b**。

3 グラニュー糖の半量を加え混ぜ、一晩ねかせる。翌日残りのグラニュー糖とペクチンを加え混ぜ、しっかり沸かしてから50℃まで下げる…**c**。個体差により色が薄いときは、色素を加える。バットなどに流して冷やす…**d**。

POINT グラニュー糖は、一度に全量を加えると浸透圧の関係で溶けないため、2回に分けて加える。

4 オレンジゼリーを作る。オレンジ果汁を強火にかけ、40〜45℃まで温めたらグラニュー糖を加える…**e**。

70℃までは強火で、その後は弱火で80℃まで加熱し…**f**、アガーを加えて火を止める。赤色色素を加え混ぜ…**g**、バットに流し、冷蔵庫で冷やし固める。

POINT 85℃以上加熱すると、ゼリーが固まりにくくなるので注意すること。

5 グラスにパート・フィユテのタルトを5個ずつ入れ、クレーム・ディプロマットを30gずつ絞る。グレープフルーツとオレンジの果肉を一口大に切り、グレープフルーツジャム150gとあえ、上にのせる…**h**。

6 オレンジゼリーをスプーンですくってのせる…**i**。バニラナパージュで艶を出し、レモングラスを飾る。

パッションフルーツ
半割りにすると酸味の強い果肉がまとわりついた種がランダムに並んでいる。生食なら種ごと食べられる。近年、国産も増えている。

トロピカルフルーツ

マンゴー
国産マンゴーの多くはアーウィン種。ハウス栽培で実が完熟して樹上から落ちてから収穫するため、甘みが強く口あたりはなめらか。

濃厚な香りと甘み……トロピカルフルーツの個性的な味わいをどのようにお菓子に取り入れるかを考えることは、お菓子作りの楽しい作業の一つだ。とくにマンゴーは使用頻度の高い果物。良質な国産をふんだんに使用している。

ボゴールパイン
手でちぎって食べられることから、スナックパインとも呼ばれる。小ぶりで果皮と果肉はオレンジから黄色。芯まで食べられる。

ピーチパイン
一般的なパイナップルよりも小ぶりで、モモに似た香りがする。甘みが強く、酸味は控えめ。果肉は白っぽく柔らかい。

マンゴープリン

多くのマンゴープリンはインド産のアルフォンソ種を使用している。しかし、自分自身が「みやざき大使」を務めていることもあり、ぜひ、宮崎産を使いたいと思っていた。値は張るが、実際に作ると余韻の長い濃厚な味わいは、全くの別ものだから。グラスの底にココナッツソースを敷き、マンゴープリンにパッションフルーツを加えて、キレのよい酸味を足しているのがポイント。マンゴー、ココナッツ、パッションフルーツの鉄板の組み合わせだ。鮮やかな黄色も美しく、食指が動く。

マンゴープリン

材料（口径6cm×高さ6cmのグラス・10個分）

ココナッツソース

ココナッツピューレ……50g
グラニュー糖……30g
板ゼラチン……0.6g
ココナッツリキュール……4g

マンゴーソース

マンゴーピューレ……80g
パッションフルーツピューレ……20g
グラニュー糖……25g
板ゼラチン……0.6g

マンゴープリン

35%生クリーム……320g
牛乳……50g
グラニュー糖……30g
アガー……9g
板ゼラチン……4.5g
マンゴーピューレ……384g
パッションフルーツピューレ……45g

クレーム・シャンティー（下記は作りやすい分量）

45%生クリーム……200g
粉糖……16g
→上記材料を合わせ、8分立てにする

デコレーション

マンゴー……2個
バニラナパージュ[→p25]……適量
フランボワーズ……適量
ローリエ……適量
ビオラ……適量

1 ココナッツソースを作る。鍋にココナッツピューレを入れて火にかけ、40℃になったらグラニュー糖を加え混ぜる。50〜60℃になったらふやかした板ゼラチンを加え、混ぜ溶かす…**a**。火を止め、ココナッツリキュールを加える。

2 1をデポジッターに移し、グラスに流す…**b**。ブラストチラーで冷凍する。

3 マンゴーソースを作る。鍋にマンゴーピューレとパッションフルーツピューレを入れて火にかけ、40℃になったらグラニュー糖を加え混ぜる…**c**。50℃になったらふやかした板ゼラチンを加え、混ぜ溶かす。さらに加熱し、60〜65℃に温めておく。

POINT 冷えるとソースが固まってしまう。

4 マンゴープリンの生地を作る。鍋に生クリームと牛乳を入れて火にかけ、40℃になったらグラニュー糖とアガーを加え、もったりとした状態になるまで混ぜる…**d**。80℃になったらふやかした板ゼラチンを加え、混ぜ溶かす。

5 4を高さのあるボウルに移し、マンゴーピューレとパッションフルーツピューレを加え…**e**、ブレンダーで攪拌し、なめらかな状態にする…**f**。

6 5をデポジッターに移してグラスに流す…**g**。ブラストチラーで急冷する。

7 8分立てにしたクレーム・シャンティーを中央に絞り、周囲に3のマンゴーソースを絞り入れる…**h**。皮をむいて1.5cm角に切ったマンゴーを盛り…**i**、バニラナパージュを塗って艶を出す…**j**。

8 仕上げにマンゴーソースをかけてフランボワーズをのせ、バニラナパージュで艶を出す。ローリエとヴィオラを添える。

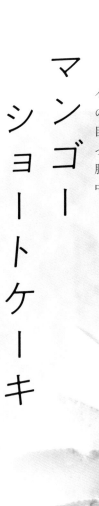

マンゴーショートケーキ

イチゴがない夏に主役を張れるフルーツといったら、やっぱりマンゴーだ。だから夏のショートケーキはマンゴーで作る。イチゴのショートケーキとの大きな違いは、1層目のスポンジ生地にクレーム・ディプロマットを塗ること。マンゴーの芳醇な甘みをしっかり下支えしてくれる。クレーム・シャンティーはイチゴのショートケーキと同様、乳脂肪分38%のクリームで軽やかに。大人っぽいサントノーレ口金の絞りが、真ん中にたっぷりと盛った宮崎産マンゴーの存在感を際立たせる。

マンゴーショートケーキ

材料（直径15cm・1台分）

パータ・ジェノワーズ［→p146］
……直径15cm・1台

マンゴー……1/2個

クレーム・ディプロマット［→p159］……60g

マンゴーシロップ
マンゴーピューレ……50g
水……25g
30°ボーメシロップ……25g
→上記材料を混ぜ合わせる

クレーム・シャンティー（サンド用）
38%生クリーム……250g
粉糖……20g
→上記材料を合わせ、8分立てにする

クレーム・シャンティー（上掛け用）
38%生クリーム……200g
粉糖……16g
→上記材料を合わせ、7分立てにする

ジェノワーズのクラム……適量

デコレーション
マンゴー……1/2個
バニラナパージュ［→p25］……適量
フランボワーズ……適量
グロゼイユ……適量
タイム……適量

1 マンゴーは皮をむき、幅7mmの薄切りにする…*a*。

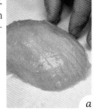

a

2 パータ・ジェノワーズを3枚にスライスし、1枚目にクレーム・ディプロマットをナッペする…*b*。その上にサンド用クレーム・シャンティーをナッペし、1のマンゴーの半量を敷き詰める…*c*。さらにクレーム・シャンティーを塗り重ねる…*d*。

b

c

d

3 2に2枚目のジェノワーズをのせ、アクリル板で押さえて平らにならす…*e*。マンゴーシロップを打ち、パレットナイフでならしてしみ込ませる…*f*。クレーム・シャンティーをナッペし、1の残りのマンゴーを敷き詰め…*g*、クレーム・シャンティーを塗り重ねる。

e

f

g

4 3枚目のジェノワーズをのせてアクリル板で平らにならし、マンゴーシロップをかける…*h*。サンド用クレーム・シャンティーを側面と上面に下塗りする…*i*。

h

i

5 上掛け用クレーム・シャンティーで、上面と側面をナッペする…*j*。

j

6 ジェノワーズのクラムを側面の裾に貼りつける…*k*。残りの上掛け用クレーム・シャンティーを、サントノーレ口金をつけた絞り袋に入れ、上面の真ん中をあけつつ、縁に沿って絞る…*l*。

k

l

7 真ん中にクレーム・シャンティーを少量絞り、それを覆うようにして1.5cm角に切ったマンゴーを盛る…*m*。マンゴーにバニラナパージュを塗って艶を出し、バニラナパージュを塗った半割りのフランボワーズとグロゼイユを飾り、タイムをあしらう。

m

トロピカルミルフィーユ

宮崎産のマンゴー、沖縄・西表島産のボゴールパインを使用したミルフィーユ。マンゴーのねっとりとした食感、ボゴールパインの柔らかく甘みが強い果肉は、クレーム・ディプロマットともフィユタージュとも相性がよい。過去にガレット・デロワコンクールに出て準優勝したことがあるが、そのときにフィユタージュに関しては相当研究した。そして出来上がったのが現在の配合。こうした変わりだねのミルフィーユも、基本のしっかりしたサクサクの生地があってこそだ。

トロピカルミルフィーユ

材料（10個分）

パート・フィユテ［→p152］
……35cm × 30cm・1枚

クレーム・ディプロマット［→p159］……500g

デコレーション
ボゴールパイン……1個
マンゴー……1個
バニラナパージュ［→p25］……適量
マンゴーソース［→p53］……適量
フランボワーズ……適量
ローリエ……適量
粉糖……適量

3 2を5.5cm角に切る…*d*。

d

4 ボゴールパインは両端を落とし、縦に8等分して皮をむき、1.5cm角に切る…*e*。マンゴーも皮をむき、1.5cm角に切る。

e

5 3の上面中央にクレーム・ディプロマットを絞り…*f*、ボゴールパインとマンゴーを、クリームを覆うようにして盛る…*g*。バニラナパージュを塗って艶を出し、マンゴーソースをかける…*h*。フランボワーズを添え、ローリエをあしらう。粉糖をふる。

f

g

h

1 パート・フィユテを幅5.5cmに切る…*a*。

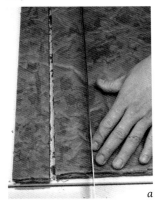

a

2 1の1枚にクレーム・ディプロマットを丸口金で絞り…*b*、2枚目の生地をのせてアクリル板で押さえて平らにならす。重ねた生地の上にクレーム・ディプロマットを絞り、3枚目をのせる…*c*。アクリル板で上から押さえて平らにならす。

b

c

イリオモティエ

見た目は全く異なるが、実はフレジエの変化球。ボゴールパインとクレーム・ムースリーヌを使って、どこまで自分らしい表現ができるかに挑戦した作品だ。両者を層にして、ココナッツの入った軽やかなダックワーズ生地で上下をはさみ、側面にはココナッツをまぶしつけている。開業以来付き合いを続けている、西表島のパイナップルの生産者に敬意を表して、「イリオモティエ」と命名した。

イリオモテ

材料（10個分）

ダックワーズ・ココグリエ［→p151］
……直径4.5cm・10個、
直径4.5cmのリング形・10個

ボゴールパイン……1個
ライムの皮……1/2個分
ライム果汁……5g

**パッションフルーツ風味の
クレーム・ムースリーヌ**
クレーム・パティシエール［→p158］……480g
バター……120g
パッションフルーツリキュール……8g
→上記材料を混ぜ合わせる

ローストココナッツファイン……適量
粉糖……適量

デコレーション
ボゴールパイン……適量
バニラナパージュ［→p25］……適量
フランボワーズ……適量
ローリエ……適量
ビオラ……適量

1 ボゴールパインは、皮をむいて1.5cm角に切り、ボウルに入れる。すりおろしたライムの皮と果汁を加えてマリネし…a、15〜30分冷蔵庫に置く。水気をきる。

a

2 クレーム・ムースリーヌを直径4.5cm×高さ4cmのセルクルに、半分の高さまで絞り入れる…b。

b

3 2に水気をきった1のパインを3つずつ入れ…c、クレーム・ムースリーヌをセルクルの8分目の高さまで絞る。さらにパインを3つずつ入れ、クレーム・ムースリーヌを絞る。パレットナイフでクリームをセルクルの高さにすり切り…d、ブラストチラーで冷やし固める。

c

d

4 3を直径4.5cmのダックワーズ・ココグリエの上にのせ、バーナーでセルクルの側面を温めて、セルクルをはずす…e。

e

5 直径4.5cmのリング形に焼いたダックワーズ・ココグリエをのせる…f。

f

6 バットにローストココナッツファインを入れ、その中で5を転がしながら、側面にココナッツファインを貼りつける…g。

g

7 上面に粉糖をふり、ダックワーズ・ココグリエの穴の中にクレーム・ムースリーヌを絞り入れ…h、1.5cm角に切ったボゴールパインを4つのせる…i。パインにバニラナパージュを塗って艶を出し、バニラナパージュを塗った半割りのフランボワーズを飾る。ローリエとビオラをあしらう。

h

i

ピーチパインのタタン

パイナップルのジャムをからめたピーチパインが、タルトタタンのように見えることからの命名。バターたっぷりのガレット・ブルトンヌと、甘酸っぱいジャムの相性もぴったりだ。ピーチパインは色が薄く、モモのような味がするのが特徴で、その繊細な味わいを存分に生かしている。上にのせたマスカルポーネクリームは、タルトタタンに添えられるアイスクリームをイメージしている。スパイシーなピンクペッパーの香りで、ぐっと全体が大人っぽくなる。

材料（10個分）

ガレット・ブルトンヌ［→p156］
……直径9cm・10個

パイナップルジャム
ドライパイナップル……100g
パッションフルーツピューレ……30g
水……30g
グラニュー糖……50g

ピーチパインのタタン
ピーチパイン（正味）……450g
パイナップルジャム……150g

クレーム・ディプロマット［→p159］……300g

デコレーション
バニラナパージュ［→p25］……適量
粉糖……適量
マスカルポーネクリーム*
　35%生クリーム……150g
　粉糖……15g
　バニラペースト……少量
　マスカルポーネチーズ……20g
パータ・クランブル［→p155］……適量
ローストココナッツファイン……適量
ピンクペッパー……適量
アリッサム……適量
＊生クリームに粉糖、バニラペーストを加えて7〜8分立てにし、マスカルポーネチーズを加え混ぜる

1 パイナップルジャムを作る。鍋にドライパイナップル、パッションフルーツピューレ、水を入れ、火にかける。水分がほぼなくなって、くたくたになるまで煮る…*a*。

2 1をブレンダーで粉砕し…*b*、グラニュー糖を加え混ぜ、もう一煮立ちさせてから室温で冷ます…*c*。

3 1.5cm角に切ったピーチパインをボウルに入れ、2を150g加えて混ぜ合わせる…*d*。直径8cm×高さ3cmのセルクルに入れ、パレットナイフでならし、冷蔵する…*e*。

4 ガレット・ブルトンヌにクレーム・ディプロマットを絞る…*f*。冷やした3をのせ…*g*、バニラナパージュを塗る。

5 セルクルをはずし、周囲に粉糖をふり、マスカルポーネクリームをクネル形にしてのせる…*h*。

6 パータ・クランブルを散らし、ローストココナッツファインをふる。ピンクペッパーを散らし、アリッサムを飾る。

野菜を製菓に、という考え方を学んだのは、イタリアでの研修時。アスパラガスのジェラートに驚いた。完熟した夏野菜は糖度が高いので、使い方によっては、お菓子としてうまくなじみ、独創的なものを作ることができる。

夏野菜

フルーツトマト
水やりを極力減らし、過酷な環境で育てることで、トマトの香りや甘みを引き出したもの。赤、橙、緑、黄色など、色もさまざま。

アスパラガス
お菓子に使うものは、なるべく太く、香りも甘みも強いものがよい。6月頃に出荷される、北海道産の露地栽培のものが最適。

トウモロコシ
品種改良が目覚ましく、糖度と瑞々しさを高め、「スーパースイートコーン」など生で食べられる品種も増えている。

トウモロコシのミルフィーユ

トウモロコシのミルフィーユとは意外と思われるかもしれないが、自分の中ではずいぶん前からトウモロコシをケーキの素材として意識してきた。果実に匹敵するほどの糖度があり、誰もが好きなプチプチとした食感。そして、なんといっても、夏という季節を強烈に感じさせてくれるから。このミルフィーユは、サクサクのパイ生地とトウモロコシ入りのクレーム・パティシエールのコントラストが楽しく、キャラメルチョコレートを合わせることで、パイ生地とのバランスも一層よくなる。

トウモロコシのミルフィーユ

材料（10個分）

パート・フィユテ[→p152]
……35cm×30cm・1枚

トウモロコシのクレーム・パティシエール
トウモロコシの実……166g
クレーム・パティシエール[→p158]……500g
コーン茶パウダー……3g

クレーム・シャンティー・ショコラ・キャラメル
35%生クリーム……350g
キャラメルチョコレート……100g

デコレーション
トウモロコシの実……適量
ポップコーン……適量
フリーズドライコーン……適量
キャラメルチョコレート……適量
パータ・クランブル[→p155]……適量
キャラメルソース*……適量
粉糖……適量
コーンスプラウト……適量

*鍋にグラニュー糖100g（作りやすい分量、以下同）を入れて火にかけて溶かし、茶色になったら生クリーム100gを加え混ぜて火を止める

1 トウモロコシは余分な葉とひげを落とし、30分蒸したものを200℃のオーブンで30分〜1時間焼く。実をそぎ取る…*a*。

2 パート・フィユテを幅10cmに切る…*b*。

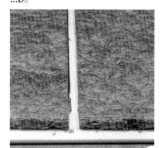

3 トウモロコシのクレーム・パティシエールを作る。クレーム・パティシエールを中速のミキサーでほぐし、コーン茶パウダーを入れて撹拌する…*c*。1を166g加え混ぜる。

4 2の1枚に3を絞り…*d*、パレットナイフでならし、2枚目の生地を焼き面を下にしてのせる。まな板などで押さえて平らにならす…*e*。重ねた生地の上に3を絞り、3枚目の生地を焼き面を下にしてのせ、平らにならす。幅3cmに切り分ける…*f*。

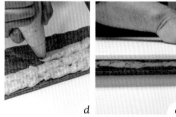

5 クレーム・シャンティー・ショコラ・キャラメルを作る。生クリーム50gを60℃まで温め、キャラメルチョコレートを入れた容器に注ぎ、ブレンダーで撹拌して乳化させる…*g*。

6 残りの生クリームをボウルに入れて泡立て器で混ぜて6分立てにする。一部を5と混ぜ合わせ、それを生クリームのボウルに戻し入れ、なめらかになるまで混ぜる…*h*。

7 4のミルフィーユを横に倒しておく。6をサントノーレ口金をつけた絞り袋に入れ、ミルフィーユの上に絞る…*i*。

8 デコレーション用にとり置いた1のトウモロコシの実の表面をバーナーで炙る…*j*。

9 ポップコーンとフリーズドライコーンに溶かしたキャラメルチョコレートをからめ、7の上にのせる。パータ・クランブルを砕きながらふり、キャラメルソースをかけ、8のトウモロコシの実を飾る…*k*。粉糖をふり、コーンスプラウトをあしらう。

フルーツトマトのパンナコッタ

フルーツトマトの甘酸っぱさと旨みは、お菓子にも向いている。高知で栽培されている「アスリートトマト」に出合ってからは、ますますその思いが強くなり、色も味わいも大きさもさまざまなフルーツトマトを生かして、パンナコッタを作ってみた。とろりとなめらかなとろけるパンナコッタと、口の中で酸味と甘みが弾けるフルーツトマトのコンビネーションは初夏の味。全体を覆うレモンゼストゼリーですっきりとした仕上がりに。

材料（口径6.5cm×高さ7cmのカップ・10個分）

フルーツトマトのマリネ

フルーツトマト……500g

水……300g

グラニュー糖……300g

レモンの皮……1/2個分

レモン果汁……10g

塩……一つまみ

オリーブオイル……適量

レモンゼストゼリー

水……550g

グラニュー糖……150g

アガー……12.5g

レモンの皮……1/2個分

赤い実のソース［→p31］……80g

パンナコッタ［→p31］……500g

デコレーション

オリーブオイル……適量

3 レモンゼストゼリーを作る。鍋に水を入れて火にかけ、40℃になったらグラニュー糖とアガーを加え混ぜ、80℃まで加熱する…*d*。レモンの皮を加えて香りと色を移し、ざるで漉す…*e*。冷蔵庫で冷やし固める。

d

1 フルーツトマトのマリネを作る。フルーツトマトを熱湯に10秒くぐらせて氷水にとり、皮を湯むきする…*a*。

a

e

4 カップに赤い実のソースを4g流し、ブラストチラーで凍らせる。その上にパンナコッタを6分目まで流し、冷やし固める。さらに赤い実のソースを4g流して冷やし固める。3のゼリーをすくい入れ…*f*、2を盛り…*g*、再度ゼリーをのせる。オリーブオイルを入れたスポイトをさす。

f

2 水にグラニュー糖を溶かしたシロップを作り、レモンの皮、レモン果汁、塩、オリーブオイルを加え、1とともに保存袋に入れる…*b*。90℃で30分加熱したのち、冷蔵庫に1日置き、味を浸透させる。ざるにあけて水気をきる…*c*。

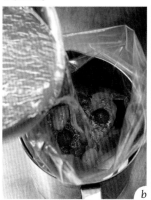

b

c

g

アスパラガスのスイーツを初めて食べたのは、イタリアの大学の授業の一環で、ガストロノミージェラートとして供されたときのことだった。野菜が氷菓の素材として成り立っていることに感心すると同時に、日本のアスパラガスは糖度も旨みもあるから、お菓子に仕立てることもできると思った。このアスパラガスのブリュレは、アスパラガスの爽やかな風味を残しつつ、お菓子としてのバランスをとった自信作だ。

アスパラガスのブリュレ

アスパラガスのブリュレ

材料（口径10cm×高さ3.5cmの容器・10個分）

アスパラガスソテー

アスパラガス……220g
オリーブオイル……適量
塩……少量

35%生クリーム……540g
牛乳……200g
グラニュー糖……80g
加糖卵黄……150g
キャラメリゼ用カソナード……適量

1 アスパラガスは、根元を落として長さ5cmに切り、オリーブオイルでソテーし、軽く塩をふる…*a*。水少々（分量外）を加え、強火で3分蒸す。汁ごとバットにあける。

2 鍋に生クリームと牛乳を入れ、火にかける。45℃前後になったらグラニュー糖の1/3量を加え混ぜる…*b*。

3 卵黄を入れたボウルを2の鍋に重ねて軽く温め、残りのグラニュー糖を加え混ぜる…*c*。卵黄に2の1/3量を加えて混ぜ…*d*、鍋に戻してよく混ぜる…*e*。

4 高さのある容器に1を入れ、3の1/3量を加え、ブレンダーで撹拌する…*f*。粗目のざるで漉して3の鍋に戻す。ざるに残ったアスパラガスもよくつぶし、鍋に入れる…*g*。

5 4を60℃まで加熱し、デポジッターに移す。布巾を敷いたバットに容器を並べ、4を9分目まで流す。オーブンに入れてから、4を容器の縁ギリギリまで注ぎ…*h*、バーナーであぶって泡を消す。バットに水を張って、110℃のオーブンで20分湯煎焼きする。

6 オーブンから取り出し、人肌の温度に冷ます。カソナードをたっぷりふり、縁までしっかりと広げる…*i*。霧吹きで水を吹きかけ、バーナーで表面を炙る…*j*。

こちらは複雑な仕立てのアスパラガスのお菓子。ほろほろと口の中で崩れるクランブル生地のタルトで、その上にのっているのは、アスパラガスとホワイトチョコレートのムースだ。センターには、よりアスパラガス感の強い、アスパラガスクリームを閉じ込めている。ムースとクリームの2種のアスパラガスが口の中でハーモニーを奏で、お菓子の新しい可能性を感じさせてくれる。

アスパラガスのタルト

アスパラガスのタルト

材料（10個分）

パータ・クランブル［→p155］
……直径8cm・10個

アスパラガスクリーム
35%生クリーム……120g
グラニュー糖……30g
加糖卵黄……33g
アスパラガスソテー［→p69］……50g
板ゼラチン……1.3g
塩……0.5g
オリーブオイル……3g

**アスパラガスとホワイトチョコレートの
ムース**
35%生クリームA……35g
牛乳……35g
転化糖……18g
加糖卵黄……33g
グラニュー糖……13g
アスパラガスソテー［→p69］……50g
ホワイトチョコレート……80g
オリーブオイル……5g
35%生クリームB……156g

グラサージュ
35%生クリーム……150g
水……30g
ナパージュヌートル……10g
板ゼラチン…4g
緑色色素……適量

デコレーション
マスカルポーネクリーム［→p61］……185g
プラケットショコラ*1……適量
パータ・クランブル［→p155］……適量
オリーブオイル……適量
粉糖……適量
アスパラガスのクリスタリゼ*2……適量
ビオラ……適量

*1 ホワイトチョコレートを溶かし、緑色色素を加えてテンパリングしたものをシートの上に薄くのばし、固める
*2 アスパラガスの穂先を縦に薄切りにし、30°ボーメシロップでさっと煮て、低温のオーブンで乾燥させる

1　アスパラガスクリームを作る。生クリームを鍋に入れて火にかけ、45℃になったらグラニュー糖の1/3量を加え混ぜる…*a*。残りのグラニュー糖は卵黄を入れたボウルに加え、すり混ぜる。生クリームが60℃になったら、1/3量を卵黄のボウルに加えて混ぜ、鍋に戻して混ぜ合わせる…*b*。

2　アスパラガスソテーを背の高い容器に入れ、1を加えてブレンダーで撹拌する…*c*。シノワで漉して鍋に戻す。シノワに残ったアスパラガスもよくつぶし、鍋に入れる…*d*。

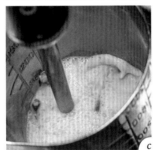

3　2を火にかけ、アングレーズソースの要領で、弱めの中火で、ゴムベラで混ぜながら炊いていく。70℃を超えたあたりからは弱火にして、ゆっくり火を入れる…*e*。ふやかした板ゼラチンを加えて混ぜ溶かし、塩とオリーブオイルを加える…*f*。

4　3をデポジッターに移し、直径5cmの円盤形の型に24gずつ注ぎ、ブラストチラーで冷凍する…*g*。

5　アスパラガスとホワイトチョコレートのムースを作る。生クリームAと牛乳を鍋に入れて火にかけ、30℃になったら転化糖を加える…*h*。

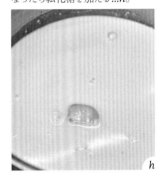

6　ボウルに卵黄とグラニュー糖を入れてすり混ぜ、5の半量を加えて混ぜる。5の鍋に戻す…*i*。

7　高さのある容器にアスパラガスソテーと6を入れ、ブレンダーで撹拌する…*j*。シノワで漉して鍋に戻し…*k*、そのまま火にかけ、混ぜながら78〜80℃まで加熱する。

8 背の高い容器にホワイトチョコレートを入れ、7を流し入れる...*l*。オリーブオイルを加えてブレンダーで撹拌し、しっかり乳化させる。ボウルに移し、ボウルの底を氷水にあてて30℃まで冷やす...*m*。

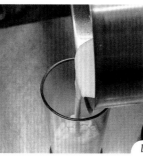

9 生クリームBをボウルに入れて6分立てにし、1/3量を8に加え混ぜる。生クリームのボウルに戻し、よく混ぜる...*n*。絞り袋に入れ、フィルムを内側に巻いた直径7cmのセルクルに32gずつ絞る...*o*。半量に型からはずした4を入れ...*p*、ブラストチラーで冷凍する。

10 グラサージュを作る。鍋に生クリーム、水、ナパージュヌートルを入れて火にかける。ふやかした板ゼラチンを加え混ぜ、緑色色素を加える。背の高い容器に移し、ブレンダーで撹拌する。25℃くらいまで冷やすと艶やかになる...*q*。

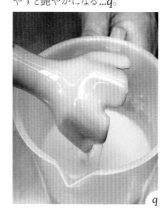

11 9を型からはずし、フィルムを除き、アスパラガスクリーム入りのムースに残りのムースを重ねる...*r*。

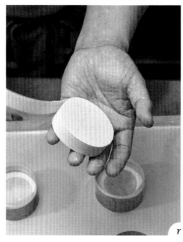

12 バットに網をのせて11を置き、10のグラサージュを上からかけ、パレットナイフでならして、側面にもまんべんなくかける...*s*。ブラストチラーで冷凍する。

13 パータ・クランブルを、焼き面を下にして並べ、12をのせる...*t*。

14 マスカルポーネクリームをクネル形にして上にのせ、手で割ったプラケットショコラをさす。パータ・クランブルを砕いてふりかけ、オリーブオイルをたらす...*u*。粉糖をふり、アスパラガスのクリスタリゼとビオラを飾る。

メゾン ジブレーでは、店の現状や新しい取組みなども含め、「今、どんなことを考え、行っているのか」をメディアへ向けて披露する〝プレス発表会〟を年2回ほど行っている。毎回、新作発表会というかたちをとっていて、あるときは野菜をテーマに、トウモロコシとグリーンアスパラガスを用いたアイスケーキを紹介した。野菜も糖度が高く、鮮度のよいものであれば充分に製菓素材として成立することを説明し、商品開発の経緯や作り方、野菜をお菓子に仕立てる際のコツを解説、それから試食という流れとなる。プレス発表会は、メディアに発信することで、より多くの雑誌やwebメディアに取り上げてもらうことを目的としているが、一方で、自分が興味をもっている素材や調理法を新作に取り入れ、それを論理的に解説することで、自分の中でも理解が深まるという利点もある。

また、宮崎県の「みやざき大使」を務めていることから、開業年より店頭で〝マルシェ〟と称して、宮崎産のとれたてのマンゴーや金柑、日向夏などを販売してきた。当初は、自分自身、中央林間でやっても効果がないのでは？もっと都心で行ったほうがよいのでは？と思っていたが、続けていくうちに確かな反響があることがわかってきた。大田市場の担当者がエリア別の売上げを精査したところ、近隣での宮崎産の果物の売上げが上向きになっているという。数を求めて不特定多数の人にアピールするよりも、食や果物に興味をもっている人に向けて発信したほうが、確実な成果が得られるということがよくわかった。これからも、メゾン ジブレーが街の食の情報の発信地となるような取組みを続けていくつもりだ。

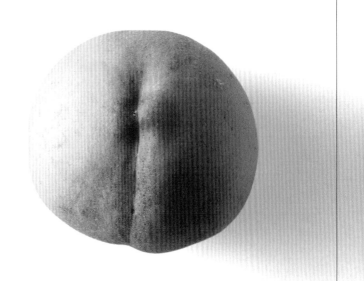

清水白桃
岡山が発祥の果皮が白いモモで、白桃の代名詞。乳白色の果肉は柔らかく、果汁が豊富。酸味は弱く、上品な香りと甘みがある。

モモ

夏の果物の女王といわれるほど、エレガントな味わいと香りをもつ。日本では白桃が主流だが、ヨーロッパでは黄桃がメジャー。白桃は食べ頃を見計らって生で使用する。6月〜8月にかけて、南から北に旬が移動する。

あかつき
モモの2大主要品種である「白鳳」と「白桃」を掛け合わせたサラブレッド。色づきがよく、熟すと果肉も次第に赤みがかってくる。

浅間白桃
果肉は緻密で果汁が多く、糖度も高め。酸味は弱くて香りがよい。果実は大きめで、果皮の着色がよいのも特徴。主産地は山梨。

ピーチメルバ

「ピーチメルバ」といえば、料理の神さまエスコフィエが創ったといわれる古典的なデザート。白桃のコンポートにバニラアイスをのせ、フランボワーズのソースをかけたものが基本だ。そこに着想を得て、白桃のプリンでピーチメルバを作ってみた。贅沢に白桃をピューレにし、たっぷり使うのがポイント。品のよいモモの甘みが、フランボワーズのアクセントを伴って、口中いっぱいに広がる。

ピーチメルバ

材料（口径6cm×高さ6cmのグラス・10個分）

フランボワーズソース
フランボワーズピューレ（自家製）[→p31]
……70g
グラニュー糖……14g
板ゼラチン……0.6g

白桃プリン
白桃ピューレ（自家製）*……450g
板ゼラチン……4.5g
35%生クリーム……320g
牛乳……50g
グラニュー糖……30g
アガー……9g
濃縮モモシロップ……4g
*白桃と、白桃の分量の20%のグラニュー糖
を合わせ、ブレンダーでピューレ状にする

デコレーション
白桃……3個
バニラナパージュ[→p25]……適量
フランボワーズジャム[→p160]……適量
フランボワーズ……適量
ベルベーヌ……適量
ベルローズ……適量

1 フランボワーズソースを作る。鍋に
フランボワーズピューレを入れて火
にかけ、45℃になったらグラニュー
糖を加え混ぜる…*a*。70℃になった
らふやかした板ゼラチンを加え、混
ぜ溶かす…*b*。

2 1をデポジッターに移し、グラスに
4gずつ流す…*c*。ブラストチラーで
冷凍する。

3 白桃プリンを作る。白桃ピューレを
60℃に温め、ふやかした板ゼラチ
ンを加え、混ぜ溶かす…*d*。

4 生クリームと牛乳を鍋に入れて火
にかけ、45〜50℃になったらグラ
ニュー糖とアガーを加える…*e*。80
℃まで加熱して、3を加え混ぜる
…*f*。

5 4を高さのあるボウルに移し、濃縮
モモシロップを加え、ブレンダーで
撹拌する…*g*。

6 5をデポジッターに移し、2のグラ
スに80gずつ流す…*h*。表面の泡
をバーナーで炙って消し、ブラスト
チラーで冷凍する。

7 6の上にフランボワーズソースを4g
流す…*i*。1.5cm角に切ったモモを
盛りつけ…*j*、バニラナパージュを
塗って艶を出す。

8 トップにフランボワーズジャムを少
量絞り、半割りにしたフランボワー
ズにバニラナパージュを塗り、飾る
…*k*。ベルベーヌをあしらい、ベル
ローズを散らす。

白桃のシャルロット

気高い白桃とシャルロットの組み合わせは、まるで貴婦人のようだ。シャルロットは
古典的なイメージもあるお菓子だが、組み合わせる素材によってさまざまな表情を見
せてくれる。この白桃のシャルロットは、まろやかなバニラムースの中にイチゴとパッ
ションフルーツのジュレを潜ませることで、モモの穏やかな甘みと香りを引き立て、全
体の味わいの印象をぐっと引き締めた。サックリと柔らかな生地と好相性。

白桃のシャルロット

材料（直径12cm・2台分）

ビスキュイ・ア・ラ・キュイエール［→p149]
……36cm×5cm、直径10cm・各2枚

バニラムース
牛乳……150g
グラニュー糖……24g
加糖卵黄……65g
バニラビーンズ……1/5本
板ゼラチン……4g
35%生クリーム……230g

イチゴとパッションフルーツのジュレ
［→p33、分量は下記の通り]
パッションフルーツピューレ……22g
イチゴ（ロイヤルクイーン）……44g
グラニュー糖……16g
板ゼラチン……0.7g
冷凍フレーズデボア……適量
→直径8cmのセルクルに注ぎ、ブラストチラーで冷凍する

粉糖……適量
白桃……1個

シロップ
30°ボーメシロップ……100g
レモン果汁……10g
→上記材料を混ぜ合わせる

デコレーション
バニラナパージュ［→p25]……適量
フランボワーズジャム［→p160]……適量
フランボワーズ……適量
ベルベーヌ……適量
ベルローズ……適量

1 ビスキュイ・ア・ラ・キュイエールを36cm×5cmに切り、シートを内側に巻いた直径12cmのセルクルにはめてサイズを微調整する…*a*。底になる生地は、直径10cmのセルクルで抜く…*b*。

a *b*

2 バニラムースを作る。牛乳にグラニュー糖の一部を加え混ぜ…*c*、残りのグラニュー糖を卵黄に加えてすり混ぜる…*d*。牛乳を火にかけ、沸いたら一部を卵黄と合わせ、しっかり混ぜてから鍋に戻し、ゴムベラで混ぜながら炊く…*e*。78℃になったら板ゼラチンを加え、混ぜ溶かす。

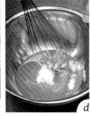

c *d*

e

3 2をざるで漉してボウルに移し、ボウルの底を氷水で冷やしながらとろみがつくまで混ぜる。30℃まで冷やしたら…*f*、6分立てにした生クリームを一部加えて混ぜる…*g*。生クリームのボウルに戻し入れ…*h*、泡立て器でしっかり混ぜた後、ゴムベラでなめらかにする…*i*。

f *g*

h *i*

4 3を絞り袋に入れ、1に2/3くらいの高さまで絞る…*j*。凍らせたイチゴとパッションフルーツのジュレを入れる…*k*。その上に、3を縁から5mm下まで絞り入れ…*l*、ブラストチラーで冷凍する。

j *k*

l

5 型をはずし、シートを取り除く。側面の生地に軽く粉糖をふる…*m*。

m

6 白桃はくし形に切り、シロップに浸ける。その後、キューブ状に切り、布巾にとって水気をきる…*n*。

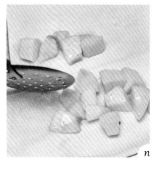

n

7 5の上面に6を盛る。縁から中央に向かって、こんもりと積むように盛りつける…*o*。

o

8 白桃にバニラナパージュを塗る。ところどころにフランボワーズジャムを絞り、バニラナパージュを塗った半割りのフランボワーズをのせ…*p*、ベルベーヌとベルローズを飾る。

p

白桃とフランボワーズの焼きタルト

瑞々しく香り高い白桃をあえて焼き込むとは、贅沢に思われるかもしれないが、実はこれも「ピーチメルバ」からの発想。モモとフランボワーズを合わせたエスコフィエは、やはり偉大といえるだろう。焼き込むことで、フレッシュ感は減少するが、甘酸っぱさは一層増す。焼き菓子と果実感が見事に合わさった一品。ぜひ試してもらいたい可憐な味わいだ。

材料（直径21cm・1台分）

パート・サブレ［→p144］
……直径21cmのタルト用・1台

クレーム・ダマンド［→p159］……400g

白桃……2個
冷凍フランボワーズ（ブロークン）……20g
フランボワーズ……20g

フランボワーズナパージュ
濃縮フランボワーズシロップ……5g
ナパージュヌートル……100g
→上記材料を混ぜ合わせる

デコレーション
マスカルポーネクリーム［→p61］……200g
フランボワーズ……適量
バニラナパージュ［→p25］……適量
タイム……適量
ベルローズ……適量

1 白桃を皮ごと幅3cmのくし形に切る。

2 直径21cmのタルト型に敷き込んで空焼きしたパート・サブレにクレーム・ダマンドを絞り、冷凍フランボワーズを散らす…**a**。白桃を、縁から1cmあけて並べ、すき間に刻んだ生のフランボワーズを散らす…**b**。

a

b

3 2を上火180℃・下火170℃のオーブンに入れ、30分焼く。

4 焼き上がったら型をはずし…**c**、上面にフランボワーズナパージュを塗る…**d**。

c

d

5 10等分にカットし、マスカルポーネクリームをクネル形にしてのせる…**e**。半割りにしたフレッシュのフランボワーズを上にのせ、バニラナパージュで艶を出す。タイムとベルローズを飾る。

e

カップ仕立ての白桃ショートケーキ

デザート仕立てのゆるいショートケーキだ。ケーキに食指が動かなくなる盛夏でも、食べたいと思ってもらえることを第一に考えて作っている。白桃のシロップをたっぷりスポンジ生地にしみ込ませることと、間にミントゼリーをはさみ込むことがポイント。そしてたっぷり盛り込んだフレッシュの白桃。流行りの言葉でいえば、"飲めるケーキ"といったところか。

カップ仕立ての白桃ショートケーキ

材料（口径6.5cm×高さ7cmのカップ・10個分）

パータ・ジェノワーズ［→p146］
……直径5cm、直径6cm・各10枚

フランボワーズジャム［→p160］……200g

白桃のシロップ
白桃ピューレ（自家製）［→p77］……100g
水……50g
30°ボーメシロップ……50g
濃縮フランボワーズシロップ……4g

白桃……3個

クレーム・シャンティー
38%生クリーム……400g
粉糖……32g
→上記材料を合わせ、6~7分立てにする

ミントゼリー［→p31］……300g

デコレーション
フランボワーズジャム［→p160］……適量
バニラナパージュ［→p25］……適量
フランボワーズ……適量
タイム……適量

1 カップの中にフランボワーズジャムを10gずつ入れる…*a*。

a

2 パータ・ジェノワーズを厚さ2cmにスライスし、直径5cmと6cmに10枚ずつ抜く…*b*。

b

3 白桃のシロップの材料を合わせ、直径5cmのジェノワーズを浸す。シロップをしみ込ませたジェノワーズを1のカップに入れる…*c*。

c

4 白桃の皮をむき、幅2cmのくし形に切る。布巾の上にとり、水気をきる…*d*。

d

5 3に6~7分立てのクレーム・シャンティーを絞り入れる。高さ2cmが目安…*e*。

e

6 水気をきり、半分に切った4の白桃を3切れずつのせ、ミントゼリーをのせる…*f*。

f

7 直径6cmのジェノワーズを白桃のシロップに浸してのせ…*g*、フランボワーズジャムを10g絞り…*h*、クレーム・シャンティーを絞る…*i*。残りの白桃を1.5cm角に切ってのせ、バニラナパージュで艶を出す…*j*。

g

h　*i*　*j*

8 フランボワーズジャムをところどころに絞り、半割りにしてバニラナパージュで艶を出したフランボワーズをのせ、タイムを飾る。

姿形の愛らしさ、輪郭のはっきりした酸味と甘みから、製菓材料として欠かせないのがベリー類だ。加工品も多用している。一方、サクランボも、繊細な甘酸っぱさと見た目のかわいらしさで、お菓子を華やかに彩ってくれる。

サクランボ、ベリー類

フランボワーズ
英語でラズベリー。強い酸味と甘み、香りをもつ。市場に出回っているのは海外産だが、昨今は岩手県などでも栽培されている。

サミット
一見、アメリカンチェリーのように見えるが、より大粒で、艶やかで、深みのある濃い赤色が特徴。果肉もきれいな赤色をしている。

アメリカンチェリー
アメリカから輸入されているサクランボの総称。国産と比較すると、サイズが大きく、実が締まっていて、日持ちがよいのが特徴。

ハスカップ
おもな産地は北海道。スイカズラ科スイカズラ属の落葉低木の果実だが、ブルーベリーに似た味と見た目で、ベリーと合わせることも多い。

紅秀峰
山形生まれ。大粒で鮮やかな赤色。酸味は控えめで糖度が高く、果汁も豊富。甘みが強い品種として知られ、生産量は「佐藤錦」に次ぐ。

ブルーベリー
生食はもちろん、煮てコンポートやジャムにして使用することも多い。アントシアニンを多く含むことから、眼によいともいわれる。

小夏
小ぶりで愛らしく、果肉は乳白色。酸味と甘みのバランスがよく、果汁が多く含まれている。「セネカ」と「佐藤錦」の交配品種。

サワーチェリーのクランブル

温かみを感じさせるチェリーのお菓子が作りたくて、ブリュレとクランブルを組み合わせてみた。シロップ漬けのチェリーを入れたやや固めのブリュレに、クランブルをのせて仕上げるイメージだ。サクサクのクランブルにスプーンを入れると、とろりとしたブリュレが現れる。サワーチェリーのシロップ漬けとともに口へ運べば、甘みと酸味、多彩な食感が一体に。サワーチェリーの酸味があるからこそ味の印象がぼやけず、キリッと締まったものになる。

サワーチェリーのクランブル

材料（口径10cm×高さ3.5cmの容器・10個分）

サワーチェリーのシロップ漬け
……60粒（下記は作りやすい分量）
サクランボ（ノーススター）……200g
30°ボーメシロップ……200g

アパレイユ
35%生クリーム……500g
牛乳……200g
グラニュー糖……80g
加糖卵黄……150g

デコレーション
パータ・クランブル［→p155］……適量
粉糖……適量
フランボワーズジャム［→p160］……適量
クレーム・ディプロマット［→p159］……適量
バニラナパージュ［→p25］……適量
サクランボ（サミット）……10粒

1 サワーチェリーのシロップ漬けを作る。30°ボーメシロップを沸かし、種を取って冷凍していたノーススターを加え…*a*、一煮立ちさせてそのまま1日漬けおく…*b*。

POINT サクランボは生の状態で煮ると煮崩れてしまうので、冷凍したものを使う。

2 1をざるにあけて水気をきり、キッチンペーパーにとって再度水気をよくきる。容器に6個ずつ入れる…*c*。

3 アパレイユを作る。鍋に生クリームと牛乳を入れて火にかけ、グラニュー糖の半量を加え混ぜ、沸騰する手前まで加熱する…*d*。卵黄を入れたボウルに残りのグラニュー糖を加え、すり混ぜる…*e*。温めた生クリームと牛乳の一部を、卵黄を入れたボウルに加え混ぜる…*f*。それを鍋に戻し入れ、70℃になるまで混ぜながら加熱する…*g*。

4 布巾を敷いたバットに容器を並べ、3のアパレイユをデポジッターで9分目まで注ぐ…*h*。

5 4をバットごとオーブンに入れ、容器の縁までアパレイユを注ぎ…*i*、バットに熱湯を注いで、110℃で約30分湯煎焼きする。焼き上げたら型の底をふいて別のバットに並べる…*j*。

6 ブリュレの上にパータ・クランブルを敷き詰める…*k*。粉糖をふり、フランボワーズジャムを数ヵ所に絞り、クレーム・ディプロマットを中央に絞る…*l*。バニラナパージュを塗ったサミットをのせる。

アメリカンチェリーのスリジエ

イチゴのフレジエとほぼ同じ構成で、イチゴの代わりにアメリカンチェリーを使用。イチゴのフレジエのチェリー版なので、「スリジエ」と命名した。グリオットシロップを生地にたっぷりとしみ込ませ、チェリーの風味を強調している。クレーム・ムースリーヌにもキルシュを加え、中に仕込んだアメリカンチェリーもキルシュでマリネすることで、存分に香りを立たせている。

アメリカンチェリーのスリジエ

材料（38cm×10.5cm）

ビスキュイ・ジョコンド[→p147]
……38cm × 21cm・1枚

サクランボ（アメリカンチェリー）……48粒
キルシュ……適量

グリオットシロップ
グリオットピューレ……47g
30°ボーメシロップ……47g
キルシュ……15g
→上記材料を混ぜ合わせる

キルシュ入りクレーム・ムースリーヌ
クレーム・ムースリーヌ[→p159]……1200g
キルシュ……16g
→上記材料を混ぜ合わせる

ピストレ用チョコレート
ダークチョコレート……30g
カカオバター……20g
→上記材料を混ぜ合わせる

グリオットジュレ
グリオットピューレ……50g
ナパージュヌートル……50g
赤色色素……適量
青色色素……適量
→上記材料を混ぜ合わせる

デコレーション
クレーム・ムースリーヌ[→p159]……適量
バニラナパージュ[→p25]……適量
サクランボ（アメリカンチェリー）……適量
ミント……適量
ベルローズ……適量

1 ビスキュイ・ジョコンドを、焼き面を下にして、長辺を横にして置き、縦に2等分する…*a*。

2 アメリカンチェリーは、種を取り、キルシュで30分ほどマリネした後、水気をふき取る…*b*。

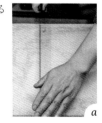

3 切り分けたビスキュイ・ジョコンドの1枚をピケし、焼き面を下にしてカードルの中に入れる。グリオットシロップをたっぷり打ち…*c*、パレットナイフでならす。

4 キルシュ入りクレーム・ムースリーヌを平口金で絞る…*d*。水気をきった2のアメリカンチェリーを並べ…*e*、再度クレーム・ムースリーヌを上から絞る…*f*。パレットナイフで表面をならす。

5 もう1枚のビスキュイ・ジョコンドの焼き面にピケし、グリオットシロップを打って、パレットナイフでならす…*g*。生地の表裏を返して4に重ね、アクリル板を側面と上面にあてて形をととのえる…*h, i*。

6 上面にグリオットシロップを打ち…*j*、パレットナイフでならす。キルシュ入りクレーム・ムースリーヌを平口金で絞り…*k*、パレットナイフで表面をならす…*l*。

7 6の上に斜め格子の型をのせ、チョコレートをピストレで吹きつける…*m*。型をはずし、グリオットジュレを薄く塗る…*n*。

8 カードルをバーナーで温めてはずし、端を落として10cm角に切り分ける。上面に星口金でクレーム・ムースリーヌを絞り、バニラナパージュをつけたアメリカンチェリーの半割りをのせる…*o*。枝つきのアメリカンチェリーを飾り、ミントとベルローズをあしらう。

フォレノワール

ドイツの伝統的な「黒い森のケーキ」を日本人が食べやすいようにアレンジした。発祥の地ドイツはもとより、フランスでもよく食べられている。サクランボをリキュールに漬けるなど、お酒をたっぷり使うのが特徴だが、お酒をきかせたケーキは当店のお客さまには敬遠されがちなので、キルシュを風味づけ程度に使い、ショートケーキ仕立てに。サクランボは、甘酸っぱさが際立つ「ノーススター」をシロップ漬けにし、トップに飾る生のサクランボは小粒な「小夏」を、と使い分けている。

フォレノワール

材料（直径15cm・1台分）

ジェノワーズ・ショコラ[→p146]
……直径15cm・1台

サワーチェリージャム[→p160]……30g

クレーム・シャンティー・ショコラ
47％生クリーム……30g
ダークチョコレート……60g
35％生クリーム……180g
粉糖……20g

アメリカンチェリー……5粒
サワーチェリーのシロップ漬け[→p87]
……8粒

グリオットシロップ
グリオットピューレ……50g
30°ボーメシロップ……50g
キルシュ……5g
→上記材料を混ぜ合わせる

チョコチップ入りクレーム・シャンティー
47％生クリーム……120g
粉糖……8g
ダークチョコレート……適量

クレーム・シャンティー
38％生クリーム……100g
粉糖……8g
→上記材料を合わせ、7分立てにする

デコレーション
サクランボ（小夏）……10粒
サクランボ（小夏、半割り）……3粒分
バニラナパージュ[→p25]……適量
チョコレートコポー[→p160]……適量
ココアパウダー……適量

1 ジェノワーズ・ショコラを3枚にスライスする…**a**。1枚目にサワーチェリージャムを、縁を7mmほど残して塗り…**b**、内側にフィルムを巻いたセルクルに入れる…**c**。

a

b

c

POINT ジャムを生地の端まで塗ると、上にクリームを塗ったときににじむので、端はあけておく。

2 クレーム・シャンティー・ショコラを作る。鍋に47％生クリームを入れ、90℃まで加熱する…**d**。高さのある容器にチョコレートを入れ、温めた生クリームを注ぎ、ゴムベラでざっくり混ぜてから、ブレンダーで撹拌して乳化させる…**e**。ボウルに移し、ゴムベラで混ぜながら35℃まで冷やす…**f**。

d

e

f

3 別のボウルに35％生クリームと粉糖を合わせて6分立てにし、一部を2に加え、泡立て器でしっかり混ぜる…**g**。それを生クリームのボウルに戻し入れ、泡立て器でしっかりと混ぜた後、ゴムベラに持ち替えてよく混ぜる…**h**。

g

h

4 アメリカンチェリーを半割りにして種を出し…**i**、水気をきる。

i

5 1のセルクルの中の生地の上に3のクレーム・シャンティー・ショコラを、縁を7mmほど残して絞る…**j**。アメリカンチェリーをセルクルに切り口を向けて、チェリー1個分の間隔をあけながら、1周並べる…**k**。チェリーのすき間にクレーム・シャンティー・ショコラを絞る…**l**。

j

k *l*

6 上面にサワーチェリーのシロップ漬けを均等に並べ…**m**、チェリーのすき間を埋めるようにクレーム・シャンティー・ショコラを絞る…**n**。

m

n

7 2枚目のジェノワーズ・ショコラを重ね...o、平らにならす。グリオットシロップを、縁を7mmほど残してたっぷりと打つ...p。

o

p

8 シロップがしみ込むのを待つ間、チョコチップ入りクレーム・シャンティーを作る。ボウルに47%生クリームと粉糖を合わせて6分立てにし、溶かしたダークチョコレートを細く垂らすようにして入れ、泡立て器で混ぜる...q。これを何度か繰り返す。生クリームの中に落ちた瞬間、チョコレートはパリパリに固まり、混ぜることによって粒状のチョコレートが均等に混ざる。

q

9 7の上にチョコチップ入りクレーム・シャンティーを絞り...r、3枚目のジェノワーズ・ショコラをのせて平らにならす...s。

r

s

10 グリオットシロップを、縁を7mmほど残してたっぷりと打ち、フォークで数ヵ所さしてしみ込ませる...t。

t

11 チョコチップ入りクレーム・シャンティーを上面に絞り、パレットナイフで平らにならす...u。

u

12 型をはずし、上面に7分立てのクレーム・シャンティーを、サントノーレ口金で放射状に絞る...v。中央には丸口金でこんもりと丸く絞る。放射状のクリームの間に小夏を配し、中央のクリームの周りに半割りにした小夏をのせる...w。小夏の断面にバニラナパージュを塗って艶を出し、チョコレートコポーを飾り、ココアパウダーをふる...x。

v

w

x

モガドール

フランスで修業していたときに作ったケーキのアレンジ。「モガドール」という名前自体には、きちんとした定義はないのだが、チョコレートとフランボワーズを使用するケーキによく使われる。調べてみると、モロッコの交通の要所だった島の名前で、小さな要塞という意味だとか。ビスキュイ・モガドールとムース・ショコラの大人っぽい味わいが魅力。チョコレートとフランボワーズの相性のよさがよくわかる一品だ。

モガドール

材料（10個分）

ビスキュイ・モガドール[→p150]
……4cm×4cm・10枚

フランボワーズシロップ
フランボワーズピューレ……200g
30°ボーメシロップ……100g
フランボワーズリキュール……10g

フランボワーズジャム[→p160]……50g
冷凍フランボワーズ（ブロークン）……適量

ムース・ショコラ
35%生クリームA……100g
牛乳……50g
転化糖……20g
加糖卵黄……80g
グラニュー糖……30g
ダークチョコレート……180g
35%生クリームB……360g

ピストレ用チョコレート
ダークチョコレート……60g
カカオバター……40g
→上記材料を混ぜ合わせる

フランボワーズジャム（仕上げ用）[→p160]
……適量

デコレーション
プラケットショコラ*……適量
フランボワーズ……適量
バニラナパージュ[→p25]……適量
ヘーゼルナッツの糖衣掛け[→p160]
……適量
タイム……適量
ダークチョコレート……適量
*ダークチョコレートを溶かし、テンパリングしたものをシート上に薄くのばし、固める

1 ビスキュイ・モガドールにシロップをしみ込ませるため、ナイフで焼き面をそぎ取り…**a**、4cm角に切る…**b**。

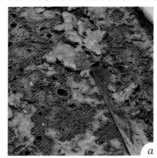

2 フランボワーズシロップを作る。常温に戻したフランボワーズピューレを鍋に入れて火にかけ、30°ボーメシロップを加えて45℃まで温める…**c**。ボウルに移して常温になるまで冷ましたら、フランボワーズリキュールを加え混ぜる…**d**。

3 1を2に浸し…**e**、シリコンペーパーを敷いたバットの上に並べる。

4 3の上にフランボワーズジャムを5gずつ絞り、冷凍フランボワーズを3粒ずつのせる…**f**, **g**。ブラストチラーで冷凍する。

5 ムース・ショコラを作る。鍋に生クリームA、牛乳、転化糖を入れて火にかけ、沸騰させる…**h**。

6 ボウルに卵黄を入れ、グラニュー糖を加えてすり混ぜる…*i*。5の一部を卵黄の入ったボウルに加えてよく混ぜ、それを5の鍋に戻し入れる…*j*。アングレーズソースを炊く要領で混ぜながら78〜80℃まで加熱し、もったりとした状態に炊き上げる…*k*。

7 ダークチョコレートを背の高い容器に入れ、6を加えてブレンダーで撹拌して乳化させる…*l*, *m*。艶のある状態になったら、大きなボウルに移して31〜32℃になるまで冷やす。

8 ボウルに生クリームBを入れて6分立てにする。生クリームの一部を7に加えてよく混ぜ合わせ…*n*、それを生クリームのボウルに戻して、なめらかな状態になるまで混ぜる…*o*, *p*。

POINT 泡立て器で6分立てになるまで混ぜた後、ゴムベラに持ち替えて、泡をつぶさないようにして混ぜる。ゴムベラを持ち上げると、もったり流れる状態に。

9 直径7cm×高さ3cmのセルクルの内側にフィルムを巻き、8のムースを8分目まで絞り入れる。4の生地を、フランボワーズを下にしてのせ…*q*、ブラストチラーで冷凍する。

10 凍ったら、上下を返して型をはずす。上面に直径5cmのセルクルで跡をつけ…*r*、その円に沿ってムース・ショコラを絞り…*s*、再度ブラストチラーで凍らせる。

POINT セルクルで跡をつける際は、中央ではなく、やや縁寄りにずらすと、個性的なデザインになる。

11 ピストレで、ダークチョコレートとカカオバターを合わせたチョコレートを吹きつけ…*t*、再度ブラストチラーで冷凍する。

12 仕上げは11を半解凍にした状態で行う。ムース・ショコラの円の中にフランボワーズジャムを絞る…*u*。手で割ったプラケットショコラを4枚さす…*v*。半割りにしたフランボワーズにバニラナパージュをつけてのせ、ヘーゼルナッツの糖衣掛けを飾り、タイムをあしらう。プラケットショコラの上に溶かしたチョコレートで線描きする…*w*。

ミックスベリーの
ヴェリーヌ

ベリーのタルトをカップ仕立てに。グラスの底に一口大に切り分けたタルト生地を入れ、クレーム・ディプロマット、フランボワーズジャムであえたサクランボとベリー、ハスカップ、ミントゼリーを重ねた。酸味、甘み、香り……それぞれ異なる特徴をもつ赤い果実を存分に楽しめる、デザート感覚の一品だ。ミントゼリーとクレーム・ディプロマットの組合せもユニーク。

材料（口径6.5cm×高さ7cmのカップ・10個分）

パート・フィユテのタルト [→p152]
……1.5cm角・50個

クレーム・ディプロマット [→p159]……300g

サクランボ（紅秀峰）……100g
フランボワーズ……100g
ブルーベリー……100g
ハスカップ……100g
フランボワーズジャム [→p160]……40g
ミントゼリー [→p31]……適量
ビオラ……適量

3 紅秀峰は、種を抜き、乱切りにする…*c*。半割りにしたフランボワーズとブルーベリー、ハスカップと合わせてフランボワーズジャムであえ、30分ほどマリネする…*d*。

1 パート・フィユテのタルトを1.5cm角に切る…*a*。

2 1をカップに5個ずつ入れ、クレーム・ディプロマットを絞り…*b*、ブラストチラーで冷凍する。

4 2の上に3をたっぷりのせる…*e*。ミントゼリーをすくってサクランボとベリー類の上にのせ…*f*、ビオラを飾る。

ゴールドフィンガー
長円錐形で、弓形に少しそった
形から女性の指先に喩えられた。
皮が薄く、皮ごと食べられる。ジ
ューシーで甘みが強い。

ナガノパープル
「巨峰」と「リザマート」を交配し
た大粒の黒ブドウ。甘みが強くて
酸味は穏やか。渋みはなく、果
汁をたっぷり含み、香りもよい。

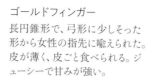

黄玉
甘みの強い大粒の白ブドウで、
近年注目されている。果皮は薄
緑色で皮ごと食べられる。アメリ
カブドウのようなコリッとした食感。

ブドウ

世界で最も生産量が多い果物で、ワインやジュースなどに使用されるが、調
理に使用されることは少ない。製菓での使用も限られるが、秋の人気素材
なので、当店では生のままタルトなどに盛りつけて季節感を演出する。

安芸クイーン
果皮は鮮紅色で、果肉は適度に
締まり、果汁が豊富。甘みが強く、
酸味は控えめで香りがよい。皮ご
と食べられるので製菓に向く。

**マスカット・オブ・
アレキサンドリア**
長らく高級ブドウとして君臨。マ
スカット特有の芳醇な香りがあり、
甘みとやさしい酸味が調和。果
肉は適度に締まり、歯切れがよい。

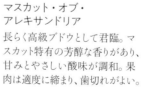

シャインマスカット
鮮やかな黄緑色で、種がなく、皮
ごと食べられることから、今や市
場で一番人気。マスカット系の
爽やかな甘さと香りが特徴。

キャンベル
皮は紫黒色で小粒だが、甘みと
酸味が調和した深みのある味わ
い。特有の香りをもち、ワインやジ
ュースにも利用される。

シャインマスカットとゴールドフィンガーのタルトレット

「シャインマスカット」は夏から初秋にかけて、主役を張れるフルーツの一つ。その美味しさを存分に味わってもらいたいと思って作った。シャインマスカットのほかに、「ゴールドフィンガー」も使用している。どちらも皮のまま食べられるブドウなので、口に入れたときのプチプチと皮の弾ける食感がなんとも楽しい。マスカット系はレモンとも相性がよいので、タルトレットにはレモンマーマレードを塗り、ブドウだけではぼやけがちな全体の味わいをギュッと引き締めている。

シャインマスカットとゴールドフィンガーのタルトレット

材料（10個分）

パート・サブレのタルトレット[→p145]……直径7cm・10個

レモンマーマレード[→p42]……60g

クレーム・ムースリーヌ[→p159]……250g
ブドウ（シャインマスカット）……40粒
ブドウ（ゴールドフィンガー）……60粒

デコレーション

フランボワーズ……5個
バニラナパージュ[→p25]……適量
アリッサム……適量
粉糖……適量

1 タルトレットの上面にレモンマーマレードを絞る…*a*。

a

2 中央にクレーム・ムースリーヌを絞る…*b*。ブラストチラーで冷やす。

b

3 シャインマスカットを横半分に切り、タルトレットの縁に、切り口を斜めにしてぐるりと1周並べる…*c*。

c

4 シャインマスカットの上に、丸のままのゴールドフィンガーを上下逆さにして、クレーム・ディプロマットに斜めに立てかけるようにして、1周並べる。手でしっかり押さえて形をととのえる…*d*。

d

5 レモンマーマレードを数ヵ所に絞る…*e*。

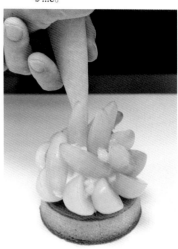

e

6 トップに半割りにしたフランボワーズをのせ、バニラナパージュを塗って艶を出す。アリッサムを飾る。シャインマスカットの断面にバニラナパージュ塗って、粉糖をふる…*f*。

f

ブドウのテリーヌ風タルトレット

お菓子を作る際は、デザイン性を考慮することも大切である。豊富なブドウの色と、皮ごと食べられるというメリットを生かして、こんなテリーヌのようなタルトレットを作ってみた。土台はパート・フィユテのタルトを使用して軽さを出し、薄くスライスしたブドウを立体的に盛りつけて、レストランのデザートをイメージ。ナイフとフォークで切り分けて食べていただきたい。

材料(5個分)

パート・フィユテのタルト[→p152]
……9cm × 9cm・5個

山ブドウのソース
山ブドウピューレ(自家製)*……100g
グラニュー糖……33g
＊岩手・二戸産の山ブドウをミキサーで撹拌
してピューレ状にする

ブドウ(シャインマスカット)……5粒
ブドウ(クイーンニーナ)……5粒
ブドウ(ナガノパープル)……5粒
ブドウ(キャンベル)……5粒
ブドウ(ゴールドクイーン)……5粒
ブドウ(ブラックビート)……2粒

デコレーション
バニラナパージュ[→p25]……適量
アリッサム……適量
粉糖……適量

3 シャインマスカット、クイーンニーナ、ナガノパープルを、それぞれ厚さ3mmにスライスする…*d*。

d

1 山ブドウのソースをつくる。鍋に山ブドウピューレとグラニュー糖を入れて煮詰め、ほどよいとろみをつける…*a*。

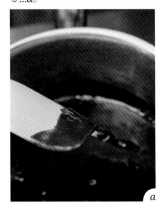

a

2 パート・フィユテのタルトを9cm角に切り…*b*、1を塗る…*c*。

b

c

4 2の上に3のスライスしたブドウを、同じ色が重ならないようにして並べる…*e*。

e

5 ブドウにバニラナパージュを塗って艶を出す。さらに、キャンベル、ゴールドクイーン、ブラックビートを、それぞれ厚さ3mmにスライスして、4の角に重ねるようにして立体的に盛りつける…*f*。

f

6 5で盛りつけたブドウにバニラナパージュを塗って艶を出す。アリッサムを飾り、縁に粉糖をふる…*g*。

g

ムラング シャンティー レザン

メレンゲ菓子は日本ではあまり人気がないが、実に美味しいものだと思う。その魅力を伝えたい気持ちもあり、意外性のあるブドウと組み合わせて一品作ってみた。カシュカシュと口の中で崩れるメレンゲの食感と、マスカルポーネチーズを加えたクレーム・シャンティー、穏やかな酸味と柔らかな甘みをもつ黄玉というブドウの取り合わせが絶妙だ。レモンマーマレードの酸味とほろ苦さをアクセントに加えている。

ムラングシャンティーレザン

材料（10個分）

スイスメレンゲ［→p157］
……直径7cm・上下各10個

レモンマーマレード［→p42］……100g

クレーム・シャンティー・マスカルポーネ
38％生クリーム……700g
粉糖……80g
マスカルポーネチーズ……100g
→上記材料を合わせ、8分立てにする

ブドウ（黄玉）……25粒

デコレーション
バニラナパージュ［→p25］……適量
粉糖……適量
レモンマーマレード［→p42］……適量
アリッサム……適量

1 土台となるスイスメレンゲにレモンマーマレードを絞り、パレットナイフでのばす…*a*。

a

2 クレーム・シャンティー・マスカルポーネを星口金をつけた絞り袋に入れ、1の上に絞り出す…*b*。

b

3 中央に皮をつけた黄玉を1粒のせ…*c*、上からクレーム・シャンティー・マスカルポーネをたっぷり絞る…*d*。

c

d

4 星口金で絞って焼いたスイスメレンゲをのせ、周囲に半割りにした黄玉を3つ飾る…*e*。バニラナパージュを黄玉の断面に塗って艶を出し…*g*、粉糖をふる…*h*。

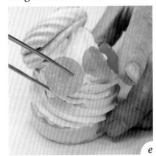

e

f

g

5 レモンマーマレードをところどころに絞り…*h*、アリッサムを飾る。

h

柿
日本古来の果物も製菓素材に。
昨今は「太秋」のように製菓に向
く柿も登場。種がなく、果肉にぬめ
りがなくサクサクと歯切れがよい。

栗
モンブランをはじめ、製菓業界で
の和栗人気は高まるばかり。茨
城、熊本、愛媛が主産地。品種
は「利平」「銀寄」など多数ある。

黒イチジク
水分が少なく、果肉が緻密な「ビ
オレソリエス」という黒イチジクが
製菓向き。日本でも新潟・佐渡や
佐賀などで栽培されている。

秋の果物、野菜

実りの秋といわれるだけに、さまざまな果実や野菜が結実する。この季節
の主役を張れる果実といえば、なんといっても栗。また、秋にしかとれない
黒イチジクや柿、ハロウィンに欠かせないカボチャも、魅力的な素材だ。

カボチャ
本書で使用したのは青森産の
「一球入魂かぼちゃ」。1株に実
を1個しか結実させない栽培法
で、旨みを凝縮している。

黒イチジクの タルトレット

フランス原産の黒イチジク「ビオレソリエス」は、黒いダイヤともいわれる高級品種だが、昨今日本でもよいものが作られるようになってきた。新潟・佐渡産のビオレソリエスはその代表だ。糖度が高く、凝縮感のある甘みや、水分が少なく密度が高いという点もお菓子に加工するのに向いている。ここではシンプルに、タルト台の上に黒イチジクジャムを塗ってクレーム・ムースリーヌを絞り、その上にビオレソリエスをこんもりと盛った。上質な秋の果物を味わう贅沢感を楽しんでほしい。

材料（10個分）

パート・サブレのタルトレット［→p145］
……直径7cm・10個

黒イチジクジャム
黒イチジク（ビオレソリエス）……150g
グラニュー糖……50g

黒イチジク（ビオレソリエス）……20個
クレーム・ムースリーヌ［→p159］……250g

デコレーション
バニラナパージュ［→p25］……適量
粉糖……適量
ラベンダーの花と葉……適量

1 黒イチジクジャムを作る。黒イチジク
を半割りにして鍋に入れ、グラニュー糖を加えて煮る…**a**。焦げる寸前
まで、水分をとばして煮詰める…**b**。
バットにあけて冷ます…**c**。

2 1の黒イチジクジャムをタルトレット
に塗る…**d**。

3 黒イチジクは、15個をくし形に切り、
5個を輪切りにする…**e**。

4 2にクレーム・ムースリーヌを絞り、
くし形の黒イチジクをのせる…**f**。

5 トップにクレーム・ムースリーヌを
少量絞り、輪切りの黒イチジクをの
せる。黒イチジクにバニラナパージ
ュを塗って艶を出す…**g**。

6 タルトの裾に軽く粉糖をふり、ところどころに黒イチジクジャムを絞る…**h**。トップの
イチジクの半面に粉糖をふり、ラベンダーの花と葉を散らす。

栗のモンブラン

秋を代表するお菓子。当店では、生の栗を蒸して、蒸したてをペーストにしてモンブランに仕立てている。鮮度の高さによる、栗らしいほっこりとした香りや甘み、ふんわりと空気を含んだ軽やかな質感は、旬の時期にペーストにして冷凍したものでは得られない至福の味わいだ。生から作ると糖分をぎりぎりまで抑えられるので、栗の風味が引き立つというよさもある。今後は、栗の産地である宮崎県とコラボして、生栗のモンブランを積極的に作っていくつもりだ。

材料（6個分）

スイスメレンゲ[→p157]
　……直径7cm・6個

マロンペースト（下記は作りやすい分量）
和栗（正味）……500g
グラニュー糖……200g

モンブランクリーム
マロンペースト……500g
47%生クリーム……50g
ラム酒……5g
バニラペースト……適量

クレーム・シャンティー
35%生クリーム……180g
粉糖……15g
→上記材料を合わせ、8分立てにする

粉糖……適量

3　モンブランクリームを作る。2のマロンペースト500gをミキサーボウルに移し、生クリーム、ラム酒、バニラペーストを加えてよく混ぜる…*d*。

d

| **POINT**　メゾン ジブレーでは、クリームなど加熱しないものにバニラの風味をつけるときは、タヒチ産バニラを砕いて加熱した特注のバニラペーストを使用している。

1　マロンペーストを作る。栗の鬼皮と渋皮をむき、スチームコンベクションオーブン（100℃）で30分蒸す…*a*。

a

2　1をフードプロセッサーで撹拌して粗めのペースト状にする…*b*。グラニュー糖を加え、さらに撹拌して、なめらかな状態にする…*c*。

b

c

4　8分立てのクレーム・シャンティーを、スイスメレンゲの上に絞る…*e*。

e

5　モンブラン専用の絞り器に3のモンブランクリームを入れ、4の上にふんわりと絞り出す…*f*。粉糖をふり、軽く手で形をととのえる…*g*。

f

g

カボチャのクランブル

青森で作られている、1株に実を1個しか結実させない「一球入魂かぼちゃ」を使用。実が緻密で甘みも強く、ホクホクとした食感も魅力。ペーストにしてもしっかりと密度があるので、お菓子作りにも大変向いている。このカボチャのクランブルは、カボチャとチョコレートの相性のよさから、チョコレートのクランブルと合わせた。ハロウィンの時期には主役となるお菓子だ。

カボチャのクランブル

材料（口径10cm×高さ3.5cmの容器・10個分）

カボチャペースト
カボチャ（一球入魂かぼちゃ）……300g
47%生クリーム……50g
きび砂糖……90g

カボチャのアパレイユ
35%生クリーム……500g
牛乳……180g
卵黄……150g
グラニュー糖……20g
カボチャペースト……230g

チョコレートクランブル[→p155]……300g

カボチャクリーム
35%生クリーム……240g
粉糖……15g
カボチャペースト……70g

デコレーション
チョコレートクランブル[→p155]……適量
粉糖……適量
ココアパウダー……適量

1 カボチャは縦半分に切って、ざっと種を取る。アルミホイルで包み、180℃のオーブンで30分〜1時間、柔らかくなるまで焼く。断面を上に向けて、種をきれいに取り除く…*a*。

2 1のカボチャを皮ごと刻んで鍋に入れ、生クリームときび砂糖を加えて火にかける…*b*。砂糖が溶けて生クリームに火が入ったら、高さのある容器に移してブレンダーで攪拌し、ペースト状にする…*c*。

POINT グラニュー糖よりきび砂糖のほうが甘みが柔らかいので、カボチャの風味が引き立つ。

3 カボチャのアパレイユを作る。鍋に生クリームと牛乳を入れて火にかける…*d*。ボウルに卵黄とグラニュー糖を入れてすり混ぜ、温めた生クリームと牛乳の一部を加え混ぜる…*e*。それを2のカボチャペースト230gと混ぜ合わせる…*f*。

4 3を生クリームと牛乳の鍋に戻し、混ぜながら60〜65℃まで温める…*g*。

POINT カボチャは比重が大きいので、低温だと2層に分かれてしまうので注意。

5 容器に4のアパレイユを流し、バーナーで泡を消してから、110℃のオーブンで30分湯煎焼きする…*h*。

6 冷めたらチョコレートクランブルをのせ…*i*、粉糖をふる。

7 カボチャクリームを作る。生クリームに粉糖を加え、8分立てのクレーム・シャンティーをつくる。カボチャペーストを入れたボウルにクレーム・シャンティーの一部を加え混ぜ…*j*、それを残りのクレーム・シャンティーに加えてよく混ぜる…*k*。

8 7のカボチャクリームを6の上にクネル形にしてのせる…*l*。カボチャクリームの上にチョコレートクランブルを砕きながら散らし、ココアパウダーをふる。

太秋柿のタルト

若年層の嗜好にも合うように品種改良した柿「太秋」。昔ながらの柿のぬめり感が
なく、山芋のようにサクサクとした食感で、種もない。これを薄切りにして、クレーム・
ムースリーヌにさして、構築したタルトだ。ともすると古い果物と思われがちな柿を、
あえてモダンな姿に仕上げてみた。味的には、オレンジのマーマレードでアクセント
をつけたのがポイント。色の同調性は味の相性のよさともつながっている。柿もオレ
ンジも橙色。カラーペアリングは、自分のお菓子作りの中でもとても重要な要素だ。

太秋柿のタルト

材料（直径21cm・1台分）

パート・サブレのタルト[→p145]
……直径21cm・1台

柿（太秋）……4個
オレンジマーマレード[→p39]……40g
クレーム・ムースリーヌ[→p159]……250g

デコレーション
バニラナパージュ[→p25]……適量
アリッサムの花と葉……適量

1 タルトを10等分する…*a*。

a

2 太秋はくし形に切って皮をむき、さらに幅2mmに切る…*b*。

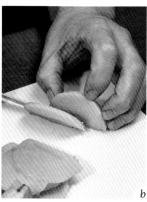

b

3 1にオレンジマーマレードを塗る…*c*。

c

4 3にクレーム・ムースリーヌを絞る…*d*。冷蔵庫に入れ、クリームを冷やし固める。

d

5 クレーム・ムースリーヌに薄くスライスした柿をさしていく…*e,f*。

e

f

6 両手で全体を押さえ、形をととのえる…*g*。

g

7 柿にバニラナパージュを塗って艶を出し…*h*、アリッサムの花と葉を飾る。

h

ジェネバ
カナダ生まれ。果肉まで赤いリンゴ。「紅玉」より酸味が強く、皮は厚め。少し渋みがあるので加工に向く。ポリフェノールが多い。

ふじ
「国光」と「デリシャス」の交配により誕生した、リンゴの代表品種。果肉はやや固く、甘みがあって酸味は控えめ。トップシェア。

古くから、最もなじみのある果実の一つ。加熱することで全く別の魅力が現れるので、さまざまなお菓子に使用されてきた。当店でも、タルトやパイに活用している。品種による味の違いを熟知して使い分けたい。

リンゴ

ピンクパール
果肉がピンクの、希少なリンゴ。皮が固めで酸味が強いので、生食よりも加工に向く。加熱してもしっかりと残る酸味が魅力。

紅玉
果皮が真っ赤に染まり、サイズは小玉で、酸味が強い。香りもよく、生食はもちろん、酸味を生かして調理、加工にも適している。

タルトポム

親しくしていた M.O.F. パティシエのフィリップ・リゴロさんが、私の考案したガレット
デロワのジェラートを気に入り、「私の代表作のタルト・ポムと交換で、レシピをくれ
るかい」と言ってくれた。もちろん快諾したが、リゴロさんからレシピをもらったわけ
ではないので、本作はフランスで食べたときの記憶をたどって自分なりに完成させた
もの。タルトレット生地の中にリンゴのソテーを敷き詰め、リンゴゼリーを仕込んだ
半球状のレモンバニラムースに赤いグラサージュをかけてリンゴのように見せている。

タルトポム

材料（10個分）

パート・サブレ［→p144］
……直径8cmのタルトレット用・10個

リンゴソテー
リンゴ（ふじ）……300g
グラニュー糖……150g
バニラビーンズ……1/2本
濃縮リンゴ果汁……25g
板ゼラチン……2g

リンゴゼリー
リンゴジュース……250g
水……90g
濃縮リンゴ果汁……25g
グラニュー糖……22g
トレハロース……60g
アガー……10g

レモンバニラムース［→p33、分量は下記の通り］
35%生クリーム……300g
バニラビーンズ……1/2本
グラニュー糖……42g
板ゼラチン……5.5g
レモンの皮……1/2個分
パータ・ボンブ
　グラニュー糖……63g
　水……17g
　加糖卵黄……84g
　35%生クリーム……44g

リンゴのグラサージュ
リンゴジュース……75g
水……100g
グラニュー糖……150g
濃縮リンゴ果汁……25g
板ゼラチン……20g
ナパージュヌートル……125g
赤色色素……適量

デコレーション
シナモンクランブル［→p155］……適量
バニラのさや……適量
ローリエ……適量
粉糖……適量

1 リンゴソテーを作る。ふじは芯をくり抜き、皮をむく。半割りにして、1cm角に刻む…*a*。

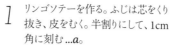

2 鍋に1を入れ、グラニュー糖を加えてソテーする…*b*。リンゴがしんなりとしてきたら、マダガスカル産バニラビーンズに切り目を入れ、しごいて種を取り出し、さやとともに加える…*c*。リンゴがくたっとしたら火を止め、濃縮リンゴ果汁を加えて香りを立てる…*d*。ざるにあけて汁気をきり…*e*、ふやかした板ゼラチンを加え混ぜる。

b

3 リンゴゼリーを作る。鍋にリンゴジュース、水、濃縮リンゴ果汁を入れて火にかけ、40℃になったらグラニュー糖、トレハロース、アガーを加え混ぜる…*f*。80℃まで温めたら火を止める。

f

4 直径5cmの半球形のシリコン型に2のリンゴを10gずつ入れる…*g*。

g

5 3をデポジッターで4に、型の半分の高さまで注ぎ、ブラストチラーで冷凍する…*h*。

h

c

d

e

| **POINT** リンゴはピューレ状になる手前まで火を入れる。

6 別の直径5cmの半球形のシリコン型に、レモンバニラムースを絞る…*i*。5の冷凍したリンゴのゼリーを型からはずしてムースに押し込み…*j*、パレットナイフでならして余分なムースを除く…*k*。ブラストチラーで冷凍する。

7 リンゴのグラサージュを作る。リンゴジュースと水を鍋に入れて火にかける。45℃まで温めたらグラニュー糖と濃縮リンゴ果汁を加え混ぜ、さらに加熱する…*l*。75〜80℃になったらふやかした板ゼラチンを加え、混ぜ溶かす。ナパージュヌートルを加えた後、赤色色素を加えて混ぜる…*m*。

8 鍋に残りの2のリンゴソテーと煮汁を加えてさっと温め…*n*、タルトレットに詰める。パレットナイフで平らにならす…*o*。冷蔵庫で冷やす。

9 6をシリコン型からはずし、上部をスプーンで少し窪ませ、リンゴのように形作る…*p*。

10 バットの上に網を置いて9をのせ、7のグラサージュをデポジッターで上からかける…*q*。

11 8の上に10をのせ、タルトレットの縁に砕いたシナモンクランブルをあしらう…*r*。

12 半球形のムースにも、シナモンクランブルを散らす。短く切ったバニラのさやを9の窪みにさして果梗に見立て…*s*、ローリエを飾る。

赤いリンゴのサントノーレ

円形のシューの土台に小さなシューを重ねたサントノーレは、キャラメルクリームが定番だが、フルーツのサントノーレを作りたいと、ずっと思っていた。どんなフルーツが合うかと考えたときに、まず浮かんだのが、味にくせがない、やさしい甘みと酸味のリンゴだった。サントノーレは工程数が多いので、少しでも軽減するために、タルトポムと共通のパーツを使うように工夫した。プティシューに真っ赤なグラサージュを施してリンゴに見立て、かわいらしく仕上げた。

赤いリンゴのサントノーレ

材料（10個分）

パート・サブレ［→p145］
……直径7cm・10枚

パータ・シュー［→p154］……150g

リンゴソテー［→p119］……100g
リンゴゼリー［→p119］……適量
リンゴのグラサージュ［→p119］……適量
クレーム・ムースリーヌ［→p159］……適量

リンゴクリーム
リンゴソテー［→p119］……100g
クレーム・パティシエール［→p158］……300g

マスカルポーネクリーム［→p61］……470g

デコレーション
シナモンクランブル［→p155］……適量
バニラのさや……適量
ローリエ……適量

1 直径4cmの三角錐のシリコン型にリンゴソテーを10gずつ入れる。上からデポジッターでリンゴゼリーを型の半分の高さまで注ぐ…*a*。ブラストチラーで冷凍する。

2 直径5cmの半球形のシリコン型にリンゴのグラサージュを少量絞り…*b*、ブラストチラーで冷凍する。

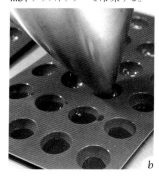

3 パート・サブレを直径7cmのセルクルで抜き、その上にパーター・シューを円を描くように絞る…*c*。180℃のオーブンで20分焼く…*d*。

4 プティシューを作る。パータ・シューを口径2cmの口金で丸く絞り…*e*、指に水をつけて頂点をつぶし、形をととのえる。霧吹きで水を吹きかけ、200℃のオーブンで15分焼く。

5 3の上面にリンゴのグラサージュをつける…*f*。グラサージュが固まったら、中央にクレーム・ムースリーヌを絞る…*g*。

6 リンゴクリームを作る。リンゴソテーを高さのある容器に入れてブレンダーでつぶし…*h*、クレーム・パティシエールの一部を加えてよく混ぜる…*i*。それを残りのクレーム・パティシエールと合わせ、ゴムベラで混ぜた後、泡立て器に持ち替えてムラなく混ぜる…*j*。

7 プティシューの底に口金で穴をあけ、リンゴクリームを絞り入れる…k。

k

8 1の冷凍したリンゴゼリーを型からはずし、5のクレーム・ムースリーヌの上にのせる…l。

l

9 リンゴゼリーの周りに、プティシューを3個、上下を逆さにして、バランスよくのせる…m。

m

10 マスカルポーネクリームをプティシューの間に絞る…n。トップにも絞り、プティシューを上下を逆さにしてのせる…o。

n

o

11 2の冷凍したリンゴのグラサージュを型からはずし、プティシューの底面にのせ…p、シナモンクランブルを散らす…q。ブラストチラーで冷やし固める。仕上げに、短く切ったバニラのさやをトップのプティシューにさして果梗に見立て、ローリエをあしらう。

p

q

バンド・オ・ポム

バンド・オ・ポムは、フランスではよく作られているリンゴの焼き菓子。美味しさの決め手になるのはフィユタージュ生地のクオリティだ。試行錯誤を経てたどり着いた自慢のフィユタージュ生地にクレーム・パティシエールを重ね、生のリンゴを敷き詰めて、200℃のオーブンで30分かけて焼き上げる。素朴なお菓子だが、リンゴの風味と生地の旨みの相乗効果で一気に美味しさが立ち上がる。リンゴは酸味の強い紅玉がベストだ。

バンド・オ・ポム

材料（30cm×12cm）

パート・フィユテ [→p152]
……30cm×12cm・1枚、
30cm×2cm・2枚

クレーム・パティシエール [→p158]……200g

卵黄……適量
リンゴ（紅玉）……2個
シナモンパウダー……適量

デコレーション
アプリコットナパージュ……100g
水……30g
赤色色素……適量
粉糖……適量
クルミ……適量

1 パート・フィユテを、30cm×12cm
の長方形1枚と、30cm×2cmの
バトン（棒状）2枚に切り分ける …*a*。

POINT パート・フィユテは半解凍の状
態で作業したほうが、扱いやすく、切りやす
い。生地がゆるんできたら軽く打ち粉をする。

2 長方形に切った生地に刷毛で水
（分量外）を塗り、バトンをそれぞれ
長辺側の縁にのせる …*b*。

3 2の、生地を重ねていない中央部分に、クレーム・パティシエールを平口金で絞る
…*c*。バトンに卵黄を塗り …*d*、ナイフで斜めに筋を入れ、模様をつける …*e*。200℃
のオーブンで15分ほど、クレーム・パティシエールにほんのり焼き色がつくまで焼
く …*f*。

4 紅玉は芯をくり抜き、皮をむいて半
割りにし、残った芯の部分をきれ
いに取り除く。厚さ2mmにスライス
し、そのまま斜めに倒してならす。
バトンの間におさまるサイズになる
よう、端を切り落とす …*g*。

5 4の紅玉の切れ端を、3の焼き色
のついたクレーム・パティシエ
ールの上に散らし …*h*、その上に紅
玉のスライスをのせる …*i*。シナモン
パウダーをふり、200℃のオーブン
で30分焼く。

6 アプリコットナパージュに水を加えて温め、赤色色素を加える …*j*。しっかり沸騰さ
せてから5の表面に塗る …*k*。長辺の両端に粉糖をふり、クルミをあしらう …*l*。

リンゴのクランブル

「ジェネバ」は中まで赤い品種のリンゴ。その見た目の美しさを生かして、焼き込むタルトをカップデザートに再構築した。パート・フィユテにクレーム・ダマンドを重ねて焼いた生地は、しっとりとした食感で、リンゴのやさしい味わいと相性がよい。サワークリームを加えたクレーム・パティシエールでリンゴをあえることで、酸味が引き立ち、全体の印象がキリッと引き締まる。

リンゴのクランブル

材料（口径6.5cm×高さ7cmのカップ・5個分）

パート・フィユテのタルト [→p153]
……1.5cm角・30個

リンゴソテー
リンゴ（紅玉）……100g
リンゴ（ジェネバ）……100g
グラニュー糖……20g
シナモンパウダー……適量
レモン果汁……10g

クレーム・ディプロマット [→p159]……適量

サワークリーム・パティシエール
クレーム・パティシエール [→p158]……90g
サワークリーム……60g

デコレーション
シナモンクランブル [→p155]……適量
粉糖……適量
リンゴ（ジェネバ）ソテー……適量
バニラナパージュ [→p25]……適量
シナモンパウダー……適量

1　リンゴソテーを作る。芯と皮を除いた紅玉とジェネバは、どちらも半割りにして厚さ3mmにスライスする。

2　鍋に1とグラニュー糖を入れ、シナモンパウダーをふり…**a**、レモン果汁を加えてソテーする。水気が少なくなってきたら火を止め…**b**、バットにあけて冷ます。

3　パート・フィユテのタルトを1.5cm角に切り、カップに6個ずつ入れる…**c**。

4　クレーム・ディプロマットを3の上に高さ1cmほど絞り入れる…**d**。

5　2のリンゴを1.5cm角に刻む。そのうち、ジェネバの少量を飾り用に取り置く…**e**。

6　クレーム・パティシエールとサワークリームをムラなく混ぜ合わせ…**f**、5を150g加えてあえる…**g**。

7　4の上に6を盛り込み…**h**、シナモンクランブルをのせる…**i**。粉糖を上面の半分にふる…**j**。5で取り置いたジェネバを2分の1に切り、バニラナパージュを塗って、トップに飾る。シナモンパウダーをふる。

126—127

ソルベ、ジェラート、アイスケーキ

メゾン ジブレーの氷菓の作り方

店名の「ジブレー」はフランス語で氷菓という意味で、当店では氷菓を商品の柱の一つとしている。氷菓には2通りあり、果実や野菜のみでつくるソルベと、乳製品や卵黄を加えるジェラートがある。当店では、「ソルベベース」「ホワイトベース」「イエローソース」の3種類のベースを仕込み、さまざまなフレーバーを組み合わせて、多彩な氷菓を展開している。

ソルベベース

基本の配合
グラニュー糖……360g
トレハロース……200g
粉末グルコース……100g
安定剤（カルピジャーニ「フルッタネーヴェ」）……6g
水……1250g

1 グラニュー糖、トレハロース、粉末グルコース、安定剤を混ぜ合わせる。

2 鍋に水を入れて火にかけ、1を加え混ぜる…a。混ぜながら、45℃まで温める…b。氷水にあてて冷却し、約6時間ねかせる。

＊上記のソルベベースに果実や野菜のピューレを加え混ぜる。約6時間、安定剤に水分がしっかり入るまでねかせ、ジェラートマシンに入れて撹拌冷却し、ソルベに仕上げる。果実や野菜の種類によって甘みなどが異なるので、配合は使用素材に合わせて調整する。

a　b

ホワイトベース

基本の配合
脱脂粉乳……100g
グラニュー糖……420g
ブドウ糖……40g
粉末グルコース……100g
安定剤（カルピジャーニ「パンナネーヴェ」）……14g
牛乳……600g
生クリーム……320g
バニラビーンズ……1本

1 脱脂粉乳、グラニュー糖、ブドウ糖、粉末グルコース、安定剤を混ぜ合わせる…a。

2 鍋に牛乳と生クリームを入れて火にかけ、バニラビーンズの種とさやを加え、45℃まで温める…b。

3 2に1を加え、混ぜながら80℃まで温める…c。バニラビーンズのさやを取り除き、氷水にあてて冷却し、約6時間ねかせる。

a　b

c

イエローソース

基本の配合
水……1520g
グラニュー糖……1080g
加糖卵黄……1400g

1 鍋に水を入れ、45℃まで温めたら、グラニュー糖を加え混ぜる。

2 ボウルに卵黄を入れ、1の一部を加え混ぜる…a。鍋に戻し…b、ゴムベラで混ぜながら80℃まで温める…c。氷水にあてて冷却する。3日間は保管できる。

＊ホワイトベースとイエローソースを合わせてアングレーズソースを作り、各種フレーバーと合わせてジェラートマシンで撹拌冷却すれば、多彩なジェラートが出来上がる。

a　b

c

イチゴのソルベ

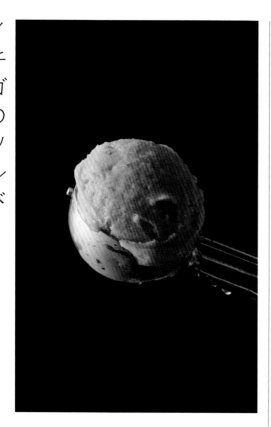

材料（作りやすい分量）

ソルベベース[→p130、分量は以下の通り]
グラニュー糖……400g
トレハロース……200g
粉末グルコース……100g
安定剤（カルピジャーニ「フルッタネーヴェ」）……6g
水……1250g

イチゴ……1200g

1 ソルベベースをボウルに入れる。へたを取り、4等分に切ったイチゴを加え…a、ブレンダーで撹拌してピューレ状にする…b。

2 約6時間、安定剤に水分がしっかり入るまでねかせた後、ジェラートマシンに入れ、撹拌冷却してソルベに仕上げる。

a　*b*

モモのソルベ

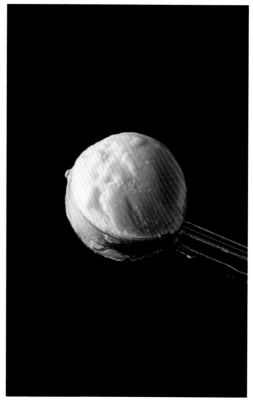

材料（作りやすい分量）

ソルベベース[→p130、分量は下記の通り]
グラニュー糖……120g
トレハロース……30g
粉末グルコース……20g
安定剤（カルピジャーニ「フルッタネーヴェ」）……3g
水……250g

白桃ピューレ（自家製）[→p77]……400g
モモのノンアルコールシロップ……15g

1 ソルベベースをボウルに入れる。白桃ピューレを加え…a、ブレンダーで撹拌する…b。香りづけにモモのノンアルコールシロップを加え混ぜる…c。

2 約6時間、安定剤に水分がしっかり入るまでねかせた後、ジェラートマシンに入れ、撹拌冷却してソルベに仕上げる。

a　*b*　*c*

青リンゴのソルベ

材料 (作りやすい分量)

ソルベベース [→p130、分量は下記の通り]
グラニュー糖……400g
トレハロース……150g
粉末グルコース……100g
安定剤 (カルピジャーニ「フルッタネーヴェ」)……6g
水……1250g

青リンゴピューレ……1000g
青リンゴジュース……1000g
青リンゴリキュール……50g

1 ソルベベースをボウルに入れる。青リンゴピューレを加え、ブレンダーで撹拌する…*a*。青リンゴジュースと青リンゴリキュールも加え…*b, c*、よく混ぜる。

2 約6時間、安定剤に水分がしっかり入るまでねかせた後、ジェラートマシンに入れ、撹拌冷却してソルベに仕上げる。

マンゴーパッションソルベ

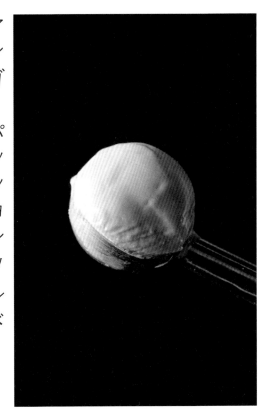

材料 (作りやすい分量)

ソルベベース [→p130、分量は下記の通り]
グラニュー糖……360g
トレハロース……200g
粉末グルコース……100g
安定剤 (カルピジャーニ「フルッタネーヴェ」)……6g
水……1250g

マンゴーピューレ……1000g
パッションフルーツピューレ……260g

1 ソルベベースと、マンゴーピューレとパッションフルーツピューレを合わせ、泡立て器で混ぜる…*a*。

2 約6時間、安定剤に水分がしっかり入るまでねかせた後、ジェラートマシンに入れ…*b*、撹拌冷却してソルベに仕上げる…*c*。

フランボワーズのソルベ

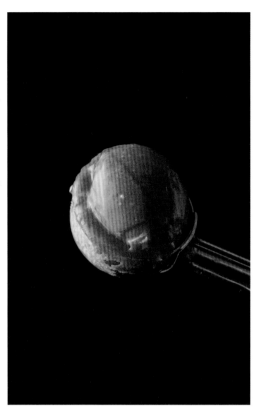

材料（作りやすい分量）

ソルベベース［→p130、分量は下記の通り］
グラニュー糖……140g
トレハロース……60g
粉末グルコース……20g
安定剤（カルピジャーニ「フルッタネーヴェ」）……2.7g
水……140g

フランボワーズピューレ……600g

1 ソルベベースをボウルに入れる。フランボワーズピューレを加え混ぜ*…a*、ブレンダーで撹拌する。

2 約6時間、安定剤に水分がしっかり入るまでねかせた後、ジェラートマシンに入れ、撹拌冷却してソルベに仕上げる*…b*。

a *b*

バニラジェラート

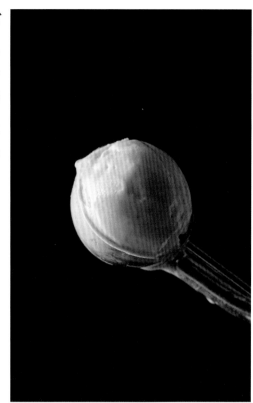

材料（作りやすい分量）

ホワイトベース［→p130、分量は下記の通り］
脱脂粉乳……100g
グラニュー糖……420g
ブドウ糖……40g
粉末グルコース……100g
安定剤（カルピジャーニ「パンナネーヴェ」）……14g
牛乳……600g
生クリーム……320g
バニラビーンズ……1本

イエローソース［→p130］……600g

1 ホワイトベースをボウルに入れ、イエローソースを加え混ぜる*…a*。

2 ジェラートマシンに入れ、撹拌冷却してジェラートに仕上げる*…b*。

a *b*

ココナッツジェラート

材料（作りやすい分量）

ホワイトベース[→p130、分量は下記の通り]
脱脂粉乳……100g
グラニュー糖……420g
ブドウ糖……40g
粉末グルコース……100g
安定剤（カルピジャーニ「パンナネーヴェ」）……14g
牛乳……600g
生クリーム……320g
バニラビーンズ……1本

イエローソース[→p130]……400g
ココナッツピューレ……600g

1　ホワイトベースをボウルに入れ、イエローソースを加え混ぜ、さらにココナッツピューレを加えて混ぜる…*a*。ブレンダーで撹拌し…*b*、乳化させる。

2　ジェラートマシンに入れ、撹拌冷却してジェラートに仕上げる。

a 　 *b*

つぶつぶフランボワーズ

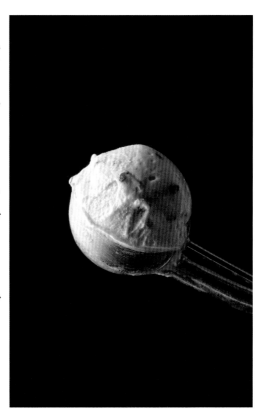

材料（作りやすい分量）

バニラジェラート[→p133]……3000g
冷凍フランボワーズ（ブロークン）……150g

1　できたての柔らかいバニラジェラートに冷凍フランボワーズを加え…*a*、ムラなく混ぜる…*b*。

a 　 *b*

イチゴマーブル

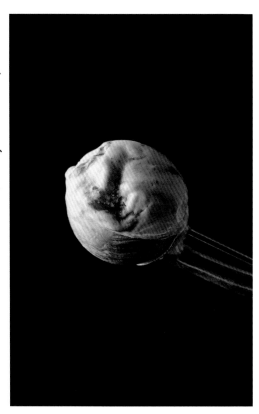

材料（作りやすい分量）

コンポートフレーズ
冷凍イチゴ……1000g
グラニュー糖……330g

バニラジェラート[→p133]……4000g

1 コンポートフレーズを作る。鍋に冷凍イチゴを入れ、グラニュー糖を加えて煮る。ブレンダーで撹拌し、バットに流して冷やし固める …*a*。

2 できたての柔らかいバニラジェラートに1を加え、マーブル状になるようにざっと混ぜる…*b, c*。

チョコレート

材料（作りやすい分量）

ホワイトベース[→p130、分量は下記の通り]
脱脂粉乳……100g
グラニュー糖……420g
ブドウ糖……40g
粉末グルコース……100g
安定剤（カルピジャーニ「パンナネーヴェ」）……14g
牛乳……600g
生クリーム……320g
バニラビーンズ……1本

イエローソース[→p130]……600g
ダークチョコレート……500g

1 ホワイトベースとイエローソースを合わせ、ムラなく混ぜる…*a*。火にかけて60℃まで温める。

2 別のボウルにチョコレート入れ、1を注ぎ…*b*、ゴムベラで混ぜてチョコレートを溶かす。ある程度溶けたらブレンダーでなめらかになるまで撹拌する…*c*。

3 ジェラートマシンに入れ、撹拌冷却してジェラートに仕上げる。

a *b* *c*

a *b* *c*

マンゴーパッション

濃厚なマンゴーの風味に、パッションフルーツのキレのよい酸味を加えてバランスをとり、誰もが好む甘酸っぱい味わいに仕上げたアイスケーキ。生菓子と同様、見た目の華やかさ、美しさ、装飾性も重視して作った、メゾン ジブレーのアイスケーキの代表作の一つ。フランボワーズと赤スグリのデコレーションが彩りのアクセント。

マンゴーパッション

材料（直径15cm・5台分）

ダックワーズ・ココグリエ[→p151]
……直径15cmのリング形・5個

マンゴーパッションソルベ[→p132]
……2000g
ココナッツジェラート[→p134]……1000g

グラッサージュ・パッション
パッションフルーツピューレ……125g
オレンジジュース……250g
水……250g
グラニュー糖……500g
板ゼラチン……20g
ナパージュヌートル……375g

デコレーション
粉糖……適量
フランボワーズ……適量
赤スグリ……適量
バニラナパージュ[→p25]……適量
ローリエ……適量

1 マンゴーパッションソルベを柔らかいクリーム状にする。高さ2cmのバールの間にソルベを置いて平らにならし…*a*、厚さ2cmの長方形にととのえる…*b*。ブラストチラーで冷凍する。

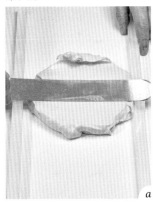

a

b

2 1を、端を落として2cm角に切る…*c*。

c

3 ココナッツジェラートを柔らかいクリーム状にして星口金をつけた絞り袋に入れ、リング状のダックワーズ・ココグリエの上に2重に絞る…*d*。

d

4 角切りにしたマンゴーパッションソルベをココナッツジェラートの上にのせ、全体を覆う…*e*。ブラストチラーで冷凍する。

e

5 グラサージュ・パッションを作る。鍋に材料を入れ、かき混ぜながら沸かす。25℃まで冷ます。

6 4にグラサージュ・パッションを細く絞りかける…*f*。

f

7 側面に粉糖をふる…*g*。半割りにしたフランボワーズと赤スグリを飾り、バニラナパージュで艶を出す…*h*。ローリエをあしらう。

g

h

青リンゴのソルベのパフェグラッセ

爽やかな青リンゴの風味に、まろやかながらあっさりとしたフロマージュブランのジェラートを合わせることで、味わいに奥行と幅をもたせ、アイスケーキとしての完成度を高めている。リンゴのソテーとパータ・クランブルを加えることで、食感にも変化を加え、食べ飽きない楽しさをプラス。

青リンゴのソルベのパフェグラッセ

材料（口径6cm×高さ9cmのカップ・30個分）

フロマージュブランジェラート
……1200g（下記は作りやすい分量）

牛乳……600g
35%生クリーム……320g
バニラビーンズ……1本
脱脂粉乳……100g
グラニュー糖……420g
ブドウ糖……40g
粉末グルコース……100g
安定剤（カルピジャーニ「パンナネーヴェ」）
……14g
フロマージュブラン……800g

ライムのナパージュ（作りやすい分量）

ナパージュヌートル……600g
ライム果汁……240g
緑色色素……適量

リンゴ（グラニースミス）……1個
グラニュー糖……リンゴの重量の20%
バニラジェラート[→p133]……1500g

パータ・クランブル[→p155]……600g
青リンゴのソルベ[→p132]……1500g
バニラのさや……適量

1 フロマージュブランジェラートを作る。ホワイトベースを作る要領で、牛乳と生クリームを火にかけ、バニラビーンズを加える。45℃になったら脱脂粉乳、グラニュー糖、ブドウ糖、粉末グルコース、安定剤を加え混ぜ、80℃まで温める。

2 1を約6時間ねかせた後、ボウルに移してフロマージュブランを加え、ブレンダーで撹拌する…a。ジェラートマシンに入れ、撹拌冷却してジェラートに仕上げる…b。

3 ライムのナパージュを作る。ナパージュヌートルにライム果汁と緑色色素を混ぜる。デポジッターでカップに12gずつ流し…c、ブラストチラーで凍らせる。

4 1.5cm角に切り、冷凍したグラニースミスを鍋に入れ、グラニュー糖を加えてソテーする…d。国産のグラニースミスは煮崩れしやすいので、ある程度火が入ったところでざるにあけて水気をきる。バットにあけて冷凍する…e。

5 バニラジェラートに4を加え混ぜ…f、3の上に絞る…g。凍らせたパータ・クランブルを入れ…h、冷凍する。

6 5にフロマージュブランジェラートを絞り…i、平らにならす。ブラストチラーで冷凍する。

7 青リンゴのソルベを、丸口金をつけた絞り袋に入れ、直径5cmのシリコン型に絞り入れる…j、パレットナイフで平らにならし、ブラストチラーで冷凍する。

8 6の表面が固まったらライムのナパージュを12g流し入れる…k。ブラストチラーで冷凍する。

9 8の上に青リンゴのソルベを絞り…l、型からはずした7をのせる…m。スプーンでくぼみをつけ…n、短く切ったバニラのさやをさして…o、リンゴに見立てる。

ピーチメルバ アイスケーキ

夏のフルーツの女王ともいえる白桃を、モモとフランボワーズを組み合わせた古典的なデザート「ピーチメルバ」をイメージしてアイスケーキに仕上げた一品。全体を大きな白桃のように形作ったモモのソルベで覆い、切り分けるとフランボワーズのソルベが顔を出す仕掛けだ。モモとフランボワーズの相性のよさを存分に楽しんでほしい。

ピーチメルバアイスケーキ

材料（直径12cm・1台分）

フランボワーズのソルベ［→p133］……150g
つぶつぶフランボワーズ［→p134］……150g
モモのソルベ［→p131］……300g

ビスキュイ・ジョコンド［→p147］
　　……直径15cm・1枚

フランボワーズソース

フランボワーズピューレ……300g
グラニュー糖……100g
水飴……50g

デコレーション

赤色色素……適量
ナパージュヌートル……100g
白桃ピューレ（自家製）［→p77］……100g
ジェノワーズのクラム……適量
粉糖……適量
フランボワーズ……適量
赤スグリ……適量
ベルローズ……適量
バニラナパージュ［→p25］……適量

1 フランボワーズのソルベを直径12cmのボウルに入れ、平らにならす…**a**。

2 つぶつぶフランボワーズを1の上に重ね、平らにならす…**b**。柔らかいクリーム状にした状態で組み立てるのがコツ。ブラストチラーで凍らせる。

3 フランボワーズソースを作る。鍋に材料を入れて火にかけ、グラニュー糖が溶けるまで加熱する。

4 直径15cmのセルクルで抜いたビスキュイ・ジョコンドの両面を3に浸し…**c**、ブラストチラーで凍らせる。

c
（※画像cは左下）

5 2のボウルを湯に浸け、2層になったジェラートを取り出す…**d**。グラシン紙の上に置き、再度凍らせる。

d

6 冷やしておいた直径12cmのボウルにモモのソルベを入れる…**e**。5を入れ…**f**、上からモモのソルベをふたをするように塗り込んで…**g**、ブラストチラーで凍らせる。

e

f

g

7 6のボウルを湯に浸け、固めたジェラートを取り出す。作業台に置いて、トップに少量のモモのソルベを塗り、先端をとがらせる…**h**。

h

8 モモらしく見せるために、赤色色素をところどころに刷毛で塗る…**i**。

i

9 ナパージュヌートルに白桃ピューレを加えてブレンダーでなめらかになるまで混ぜる…**j**。電子レンジで温めて20〜25℃に調整し、8にかける…**k**。縁の余分なナパージュをナイフで取り除く。

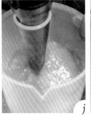
j

k

10 ジェノワーズのクラムと粉糖を周囲にふる…**l**、**m**。

l

m

11 4のビスキュイ・ジョコンドの上に、10を片側に寄せてのせ、ブラストチラーで凍らせる。

12 生地の縁に半割りにしたフランボワーズを並べる。トップに赤スグリとフランボワーズをのせ、ベルローズを散らす。フランボワーズと赤スグリにバニラナパージュを塗る…**n**。

n

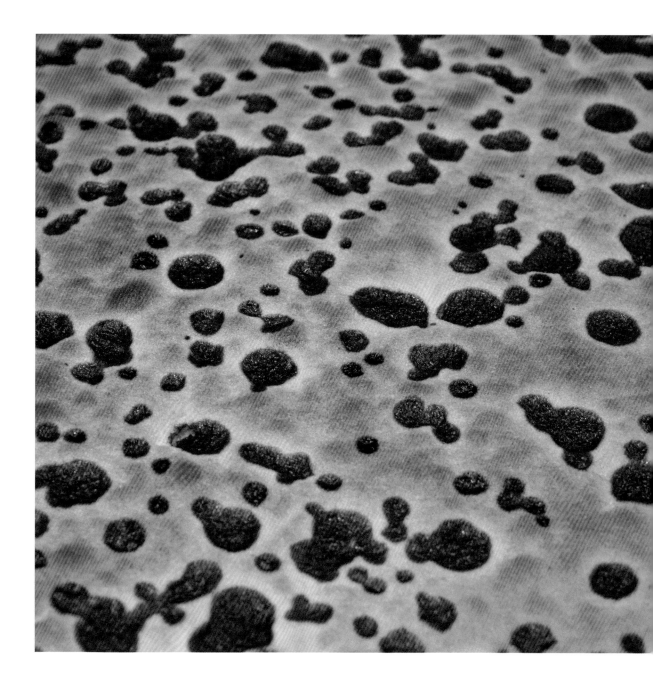

基本の
生地と
クリーム

パート・サブレ

タルトの土台やクッキー生地に用いられる。その名はフランス語で砂を意味するsable（サブレ）に由来。ここでは、タルト生地（直径21cm）の作り方を解説する。

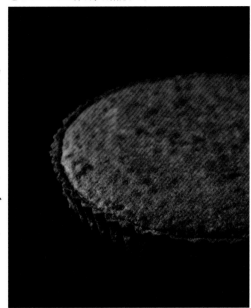

材料（作りやすい分量）
バター……320g
粉糖……200g
全卵……90g
アーモンドパウダー……80g
薄力粉……550g

1 ミキサーボウルに常温に戻したバターを入れ、中速で撹拌して柔らかくする。粉糖を数回に分けて加え、中低速に落としてなじませながら混ぜる。

2 ムラなく混ざったら、常温に戻した全卵を数回に分けて加え混ぜる。途中、ボウルの側面についたバターをゴムベラで払い、均一に混ぜる。

3 全卵がムラなく混ざったら、アーモンドパウダーを一度に加えてよく混ぜる…*a*。薄力粉を加えて低速に切り替え、粉気がやや残っている状態でミキサーを止める…*b*。練りすぎるとグルテンが出るので注意すること。

4 3をひと塊にまとめ、OPPシートで包んで形をととのえ、30cm×20cmの長方形になるように麺棒でのばす…*c*。冷蔵庫で1日ねかせる。

5 4をシーターで厚さ2.5mmにのばす。全体をピケし、直径24cmのセルクルで抜く…*d*。冷蔵庫で半日ねかせる。

6 直径21cmのタルト型に、縁にひだを寄せながら角が浮かないようにして、生地を敷き詰める…*e*。型の上に麺棒を転がして、縁の余った生地を除く…*f*。指の腹を使って、生地を型の角に押しつけ、隅々まできっちりと敷き込む…*g*。型よりも上にはみ出した生地を、パレットナイフで切り取る…*h*。冷蔵庫に入れて生地を締める。

7 6にシリコンペーパーをかぶせて、重石をのせる。角が浮きやすいので、隅まできっちと重石をのせる…*i*。

8 180℃のオーブンで15分、ほんのり焼き色がつくまで焼く…*j*。

パート・サブレのタルト

材料（直径21cmのタルト・1台分）
パート・サブレ……直径24cm・1枚
クレーム・ダマンド［→p159］
……400g

空焼きしたパート・サブレにクレーム・ダマンドを絞り入れ、表面をならす …a, b。170℃のオーブンで45分焼く。

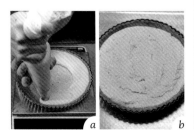

a　b

パート・サブレのタルトレット

材料（直径7cmのタルト・1個分）
パート・サブレ……直径10cm・1枚
クレーム・ダマンド［→p159］……40g

厚さ2.5mmにのばしてピケしたサブレ生地を、直径10cmのセルクルで抜き、直径7cmのタルト型に敷き込む。シリコンペーパーをかぶせて、重石をのせ、180℃のオーブンで15分空焼きをする。空焼きしたパート・サブレにクレーム・ダマンドを絞り入れ、表面をならす。180℃のオーブンで15分焼く。

サブレ・ショコラ

クッキー生地の一種だが、ケーキの土台としても使用。作り方はパート・サブレとほぼ同じで、ココアパウダーを加えて焼き上げる。

材料（作りやすい分量）
バター……123g
粉糖……76g
全卵……41g
アーモンドパウダー……30g
薄力粉……205g
ココアパウダー……23g

1　ボウルにバターと粉糖を入れてすり混ぜ、全卵を数回に分けて加え混ぜる。

2　まとまってきたらアーモンドパウダー、薄力粉、ココアパウダーを加え、さっくり混ぜ合わせる。ひと塊にまとめ、OPPシートで包む。

3　麺棒で平らにのばし、冷蔵庫で1日ねかせる。

4　用途に応じて麺棒で生地をのばし、型抜きする。「フランフラン」（→p41）の場合は、生地を厚さ2.5mmにのばして直径12.5cmのセルクルで抜き、180℃のオーブンで15分焼く。

基本の生地 2

パータ・ジェノワーズ

卵黄と卵白を共立てにして焼き上げたスポンジ生地。キメが細かく、しっとりソフトな仕上がり。軽い食感が要求されるが、たっぷり打ったシロップを抱き込むだけのしっかりした食感も必要。

材料（直径15cmの丸型・4台分）

全卵……450g
グラニュー糖……260g
薄力粉……260g
バター……75g

1 全卵をボウルに入れ、湯煎にかけながら混ぜて40℃まで温める…*a*。グラニュー糖を加え、泡立て器で攪拌する。

2 1をミキサーボウルに入れ、ホイッパーで高速で攪拌する。ボリュームが出て、これ以上泡立たないというところまで泡立てたら、中速に切り替えてキメをととのえる…*b*。ホイッパーを持ち上げ、たれた液体がリボン状に残る状態になるまで泡立てる…*c*。

3 ふるっておいた薄力粉を、ダマにならないよう数回に分けて加え、そのつど粉気がなくなるまで混ぜる…*d*。混ぜるときに使用するのはエキュモア。ゴムベラだと気泡がつぶれやすい。

4 45℃に調整した溶かしバターを、ゴムベラに伝わせながら、生地に加える…*e*。エキュモアで混ぜるうちに次第に生地に艶が出てくる。

5 型の底と側面にロール紙を敷き、4を型の8分目まで流し入れる…*f*。

6 180℃のオーブンで25～30分焼く。焼き上がったら型の底を作業台に打ちつけ、空気を抜く…*g*。型を逆さにして生地を出し、ロール紙をはがす…*h*。

ジェノワーズ・ショコラ

材料（直径15cmの丸型・4台分）

全卵……450g
グラニュー糖……260g
薄力粉……260g
ココアパウダー……42g
バター……75g

作り方はパータ・ジェノワーズとほぼ同じ。工程3で薄力粉を加える際、ココアパウダーも一緒にふるって加える。

ビスキュイ・ジョコンド

ムースなどに敷き込んで使う、フランス菓子の基本となる生地。アーモンドパウダーと同量の粉糖に、小麦粉や卵を合わせて空気を含ませ、メレンゲとバターを加えて高温で焼き上げる。

材料（38cm×21cmの天板・1枚分）

薄力粉……70g
アーモンドパウダー……150g
粉糖……150g
全卵……240g
卵白……160g
グラニュー糖……35g
バター……45g

1 ミキサーボウルに薄力粉、アーモンドパウダー、粉糖を入れ、全卵を数回に分けて加えながら、中速〜高速でしっかりと撹拌する…*a*。充分なボリュームが出たら、中低速に切り替え、生地のキメをととのえる。

2 別のミキサーボウルに卵白とグラニュー糖の半量を入れ、高速で撹拌する。中低速に切り替え、全体が白っぽくなるまで泡立てる。残りのグラニュー糖を加え混ぜ、グラニュー糖が溶け切ったら高速に切り替えて6分立てにする。中低速に切り替え、角が少し曲がるくらいの7〜8分立てになるまで泡立てる…*b*。中低速で撹拌する時間を長めにとってキメを細かくすることで、バターと合わせても気泡がつぶれにくいメレンゲになる。

3 2の一部を1に加え混ぜ…*c*、それを2のボウルに戻し…*d*、ざっと混ぜる。混ざり切る手前の状態まで合わせる…*e*。

4 45℃に調整した溶かしバターを、ゴムベラを伝わせて注ぎ入れ、エキュモアで気泡をつぶさないようにして混ぜる…*f*。

5 天板にバター（分量外）を塗ってロール紙を貼り、その上に4を広げる…*g*。パレットナイフで均一に角までしっかりのばす。200℃のオーブンで8分焼く…*h*。

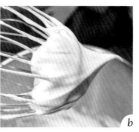

a
b

c

d

e

f

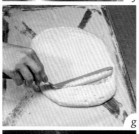

g

h

赤点のビスキュイ・ジョコンド

材料（38cm×21cmの天板・1枚分）

薄力粉……70g
アーモンドパウダー……150g
粉糖……150g
全卵……240g
卵白……160g
グラニュー糖……35g
バター……45g

赤点

フランボワーズピューレ……200g
板ゼラチン……2g

作り方はビスキュイ・ジョコンドとほぼ同じ。工程5で、天板に生地をのばしたら、板ゼラチンを溶かし混ぜたフランボワーズピューレをランダムにたらしてドット模様を描き、200℃のオーブンで8分焼く。

ヘーゼルナッツのビスキュイ・ジョコンド

材料（38cm×21cmの天板・1枚分）

薄力粉……65g
アーモンドパウダー……70g
ヘーゼルナッツパウダー……70g
粉糖……140g
全卵……200g
ヘーゼルナッツ……20g
卵白……150g
グラニュー糖……30g
バター……40g

作り方はビスキュイ・ジョコンドとほぼ同じ。工程1で、ミキサーボウルに薄力粉、アーモンドパウダー、ヘーゼルナッツパウダー、粉糖を入れ、全卵を数回に分けて加えながら、中速〜高速でしっかり撹拌する。乾煎りして刻んだヘーゼルナッツも加え混ぜる。以降の作業は、ビスキュイ・ジョコンドと同様。

「ビスキュイ・サン・ファリーヌ」は、粉を使用しない生地の意味。
小麦粉が入っていないことによる軽さと、歯切れのよさ、口溶け
のよさが特徴の生地。しっかりとしたカカオの風味が味わえる。

基本の生地4

ビスキュイ・ショコラ・サンファリーヌ

材料（38cm×21cmの天板・1枚分）
ローマジパン……133g
卵黄……133g
卵白……200g
グラニュー糖……120g
ダークチョコレート……100g
ココアパウダー……20g

1 ミキサーボウルにローマジパンをちぎって入れ、高速で撹拌しながら卵黄を数回に分けて加え混ぜ、柔らかくなめらかな状態にする…*a*。

2 別のミキサーボウルに卵白を入れ、中速で撹拌しながらグラニュー糖を3回に分けて加え混ぜ、しっかりと泡立てる。グラニュー糖が溶け切ったら高速に切り替えてボリュームを出し、最後に中低速に切り替えてメレンゲのキメをととのえる…*b*。

3 ボウルにダークチョコレートを入れて湯煎にかけ、溶けたら1の一部を加えてよく混ぜる…*c*。これを1に戻し入れ、6～7分程度混ぜ合わせる…*d*。

4 2の一部を3に加え、エキュモアでよく混ぜる…*e*。それを2に戻し入れ…*f*、6～7分混ざったらココアパウダーを加えて混ぜる…*g*。ゴムベラに持ち替えて、なめらかな状態になるまで混ぜる…*h*。

5 天板にバター（分量外）を塗ってロール紙を貼り、その上に4を流し入れる。隅までしっかりパレットナイフでのばす。

6 180℃のオーブンで10分焼く。

基本の生地5

ビスキュイ・ア・ラ・キュイエール

卵黄と卵白を別立てにして作る生地の一種。基本材料は卵、砂糖、粉で、泡立てたメレンゲに卵黄と粉を加え混ぜ、絞り出して焼く。フィンガービスケットタイプに焼く場合もある。

材料（60cm×35cmの天板・1枚分）
卵黄……110g
グラニュー糖A……55g
卵白……270g
グラニュー糖B……90g
薄力粉……145g
粉糖……適量

1　ミキサーボウルに卵黄とグラニュー糖Aを入れ、高速で撹拌する。白っぽくなり、ボリュームが出るまで泡立てる…**a**。

2　別のミキサーボウルに卵白を入れ、中速で撹拌しながらグラニュー糖Bを3回に分けて加え混ぜ、しっかりと泡立てる。グラニュー糖が溶け切ったら高速に切り替えてボリュームを出し、最後に中低速に切り替えてメレンゲのキメをととのえる…**b**。

3　1に2の一部を加え、エキュモアでよく混ぜる。それを2のボウルに戻し入れる…**c**。6～7分ほど混ぜ合わせたら、薄力粉を少しずつ加えながら、エキュモアでさっくりと混ぜる…**d**。ゴムベラに持ち替えて、ふんわりとした状態に仕上げる…**e**。

4　天板にバターを塗ってロール紙を貼りつける。口径1.2cmの丸口金をつけた絞り袋に3を入れ、天板の対角線上に棒状に絞る…**f**。その前後に、同様に棒状の生地を絞って天板を埋めていく。

5　粉糖をふる…**g**。粉糖が溶けて膜ができたら、再度粉糖をふる。1回目の粉糖はたっぷりふること。そうすることで、2回目の粉糖は焼いても生地にしみ込まず、粒つぶ感が残る。

6　180℃のオーブンで、8～10分焼く…**h**。

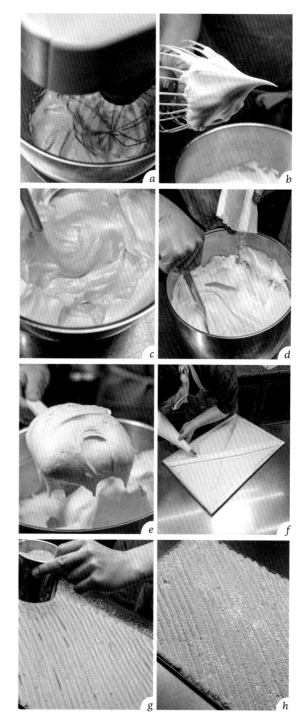

卵黄と卵白を別立てにし、外側をサクッと軽い食感に焼き上げたビスキュイの一種。たっぷりシロップを含ませることができる、保水性の高さが特徴。ヘーゼルナッツ入り。

ビスキュイ・モガドール

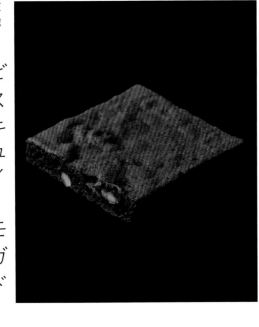

材料（38cm×21cmの天板・1枚分）
卵黄……260g
グラニュー糖A……50g
卵白……260g
グラニュー糖B……200g
薄力粉……100g
ココアパウダー……50g
ヘーゼルナッツ……100g
バター……50g

1　ミキサーボウルに卵黄とグラニュー糖Aを入れて中速で撹拌し、ふんわりとした状態になるまで泡立てる…*a*。

2　別のミキサーボウルに卵白とグラニュー糖Bを入れて撹拌し、メレンゲを作る…*b*。

3　1に2の一部を加えて混ぜ…*c*、2に戻してさっくり混ぜる…*d*。薄力粉とココアパウダーを加え、さっくり混ぜる…*e*。ローストして刻んだヘーゼルナッツを加え…*f*、ムラなく混ぜる。

4　溶かしバターを、ゴムベラを伝わせて3に加え…*g*、気泡をつぶさないように混ぜる。

5　天板にバター（分量外）を塗ってロール紙を貼りつけ、4を流し入れる。パレットナイフで生地を隅までのばす…*h*。200℃のオーブンで8分焼く。

ダックワーズ・ココグリエ

アーモンドを加え混ぜたメレンゲに、さらにココナッツを加えて焼き上げた生地。表面はカリッ、中はしっとりとした食感が楽しく、表面にまぶしたココナッツが香ばしいアクセントに。

材料 (直径6cmの円形、リング形・各40個分)

アーモンドパウダー……170g
薄力粉……60g
ローストココナッツファイン……40g
卵白……280g
乾燥卵白……10g
グラニュー糖……100g
粉糖……200g
ローストココナッツファイン (トッピング用) ……適量
粉糖 (焼成用) ……適量

1　ボウルに、アーモンドパウダー、薄力粉、ローストココナッツファインを入れ、混ぜ合わせておく。

2　ミキサーボウルに卵白と、乾燥卵白を混ぜたグラニュー糖を入れ、低速で撹拌し、グラニュー糖を混ぜ溶かす。なじんだら高速に切り替え、しっかりと泡立てたら中低速にしてメレンゲのキメをととのえる…*a*。

3　2に1を加え、粉糖を数回に分けて加え、さっくりと混ぜ合わせる…*b*。混ぜすぎると気泡がつぶれてしまうので注意。

4　直径6cmのシャブロン型を2枚用意する。焼いた後に生地をはがしやすくするために、霧吹きで水を吹きかけておく…*c*。

5　天板にバター (分量外) を塗ってシリコンペーパーを貼りつけ、シャブロン型1枚をのせる。星口金をつけた絞り袋に3を入れ、型にぎりぎりの高さまで絞り出し…*d*、パレットナイフでならす…*e*。型を上に持ち上げてはずす。

6　もう1枚のシャブロン型の上に、シリコンペーパーを重ねる。シリコンペーパーから透けて見える輪をなぞるようにして、3をリング形に絞る…*f*。リング形に絞った生地を、シリコンペーパーごと天板にのせる。

7　6のリング形に絞った生地の上にローストココナッツファインをまんべんなくふり…*g*、5の生地とリング形の生地の両方に粉糖をふる。粉糖が溶けて表面に膜ができたら、再度粉糖をふる…*h*。

8　200℃のオーブンで15分、薄いきつね色になるまで焼く。

折りパイ生地。生地（デトランプ）でバターを包み込み、のばして折り込んでいく。シーターを使用して、計6回3つ折りする。粉の旨みが感じられるよう、焼き込みすぎないことが大切。

基本の生地 8

パート・フィユテ

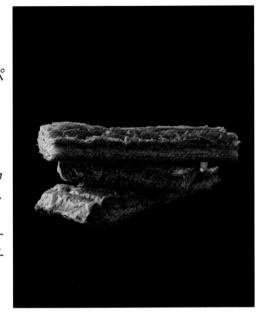

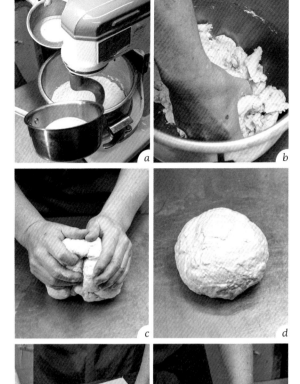

材料（作りやすい分量）
発酵バター……230g
水……130g
塩……5g
中力粉……125g
強力粉……125g
折り込み用発酵バター……450g

1　発酵バターを溶かして、35℃に調整する。水に塩を加え、混ぜて溶かす。

2　ミキサーボウルに粉を入れ、低速で撹拌する。粉を撹拌しながら、溶かしバターと塩水を同時に加える…*a*。

3　生地がまとまってきたら、いったんミキサーを止めて手でこね…*b*、さらにミキサーで撹拌する。

4　生地がひと塊になったらミキサーボウルから取り出し、打ち粉をした作業台の上に生地をのせ、手でよくこねながら丸める…*c*。表面がつるりとしてきたらボール状にして…*d*、冷蔵庫で1日ねかせる。

5　折り込み用発酵バターをOPPシートで包み、麺棒でたたいて35cm×17cm、厚さ2cmのシート状にする…*e*。

6　4の生地に十字に切り目を入れ、切り目を開いて長方形にのばす…*f*、*g*。

7　6をシーターで50cm×35cm、厚さ1cmにのばす…*h*。

8　7の生地の上に5のバターをのせ、左右から中央に生地をたたんでバターを包む…*i*。上から麺棒を転がして、生地の合わせ目を閉じる…*j*。

9　8を、向きを変えながらシーターに通し、厚さ1cmにのばす。

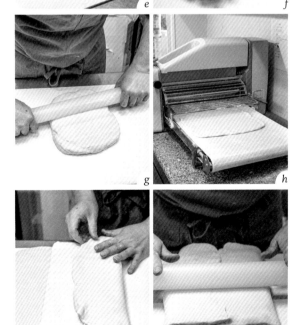

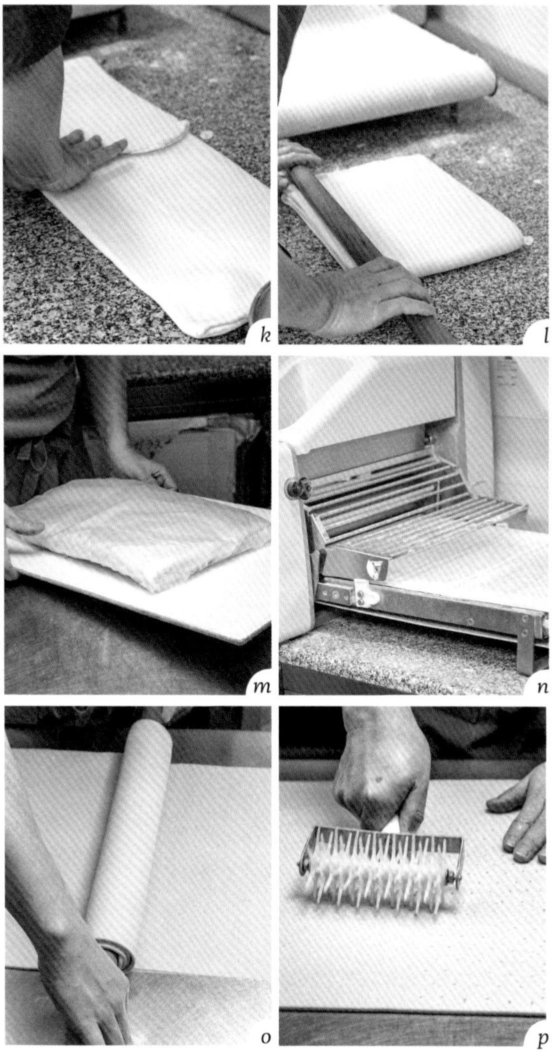

10 9を3つ折りして…***k***、麺棒で形をととのえ…***l***、シーターで厚さ1cmにのばす。再度3つ折りをし、麺棒で形をととのえる。OPPシートで包んで2時間冷蔵庫で休ませる。

11 冷蔵庫から生地を取り出して3つ折りを2回行い、冷蔵庫で2時間生地を休ませた後、さらに3つ折りを2回行う。3時間冷蔵庫で休ませる…***m***。

12 *11*を、シーターで厚さ5mmにのばす…***n***。

13 生地を麺棒で巻き取り、ロール紙の上にのせ…***o***、まんべんなくピケする…***p***。60cm×35cmのシートに切り分け、200℃のオーブンで30分、ほどよい焼き色がつくまで焼く。

パート・フィユテのタルト

材料（60cm×35cm・1枚分）

パート・フィユテ……60cm×35cm・1枚
クレーム・ダマンド……1500g

60cm×35cmのパート・フィユテをカードルにはめ、クレーム・ダマンドを絞り、180℃のオーブンで15分焼く。

パータ・シュー

ベーシックなシュー生地。生地に含まれる水分が焼成時に水蒸気となり、膨張して生地を押し広げる。水蒸気が抜け切った時点で外側も固まり、中は空洞に焼き上がる。

材料（作りやすい分量）
牛乳……100g
水……100g
バター……60g
グラニュー糖……10g
塩……2g
薄力粉……60g
強力粉……20g
全卵……100g

1　鍋に牛乳、水、バターを入れ、火にかけてバターを溶かし混ぜる…*a*。グラニュー糖、塩を加え混ぜる。

2　沸騰したら薄力粉と強力粉を加え、いったん火を止めてしっかりと混ぜる…*b*。粉気がなくなり粥状になったら、再度火にかけて余分な水分を抜く…*c*。生地がまとまってきたら、火からおろす…*d*。表面に薄い膜が張ってきたら余分な水分が抜けた証。低温で炊くともっちりとした状態にならないので、中火で行う。

3　2をミキサーボウルに入れ、中速で攪拌する…*e*。蒸気を逃がして、水分をとばす。

4　中速で攪拌しながら、全卵を数回に分けて加え混ぜる…*f*。仕上がりは、ゴムベラですくうとヘラの先に薄い膜ができる状態…*g*。

5　用途に合わせて、好みの形状の口金で適切な大きさに絞り出し、180〜200℃のオーブンで15〜25分焼く…*h*。

基本の生地10

パータ・クランブル

アーモンドパウダー、薄力粉、粉糖、バターを合わせた生地をそぼろ状にして焼成。サクサクとした食感が、味わいのアクセントに。フレーバーを変えて、多様なお菓子に使用している。

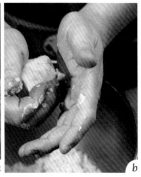

材料（作りやすい分量）
アーモンドパウダー……100g
薄力粉……100g
粉糖……100g
バター……100g

1 ミキサーボウルに、アーモンドパウダー、薄力粉、粉糖、冷やしたキューブ状のバターを入れ、中速で撹拌する…**a**。生地がつながりはじめたら、ミキサーボウルから生地を取り出し、手でまとめる…**b**。

2 手でまとめた生地を粗目の網に通して、ぽろぽろとした状態にする…**c**。そのまま冷凍する。

3 冷凍した生地を、シルパットを敷いた天板の上に置いてばらばらにしてから…**d**、160℃のオーブンで15分焼く…**e**。「アスパラガスのタルト」（→p70）のように生菓子の土台となるパーツをつくる場合は、冷凍した生地をセルクルに詰め…**f**、霧吹きで水をかけて、170℃のオーブンで10分焼く。

チョコレートクランブル

材料（作りやすい分量）
アーモンドパウダー……100g
薄力粉……100g
粉糖……100g
ココアパウダー……10g
バター……100g

作り方はパータ・クランブルとほぼ同じ。工程１で材料を撹拌する際、ココアパウダーを加えて同様に作る。

シナモンクランブル

材料（作りやすい分量）
アーモンドパウダー……100g
薄力粉……100g
粉糖……100g
シナモンパウダー……4g
バター……100g

作り方はパータ・クランブルとほぼ同じ。工程１で材料を撹拌する際、シナモンパウダーを加えて同様に作る。

バターの配合の多い、厚焼きでザクザクとした食感の焼き菓子。バターを粉と同量（通常は粉の2/3程度）配合しているのが特徴。「ブルトンヌ」とはブルターニュ風の意。

ガレット・ブルトンヌ

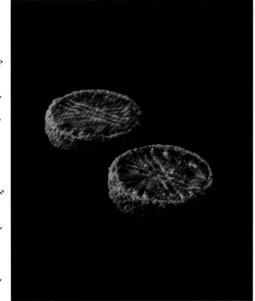

材料（直径7cm・10個分）
加糖卵黄……26g
45%生クリーム……9g
バター……176g
粉糖……100g
薄力粉……140g
強力粉……35g
ベーキングパウダー……1.5g
塩……1.5g

1 ボウルに卵黄と生クリームを入れ、よく混ぜる…*a*。

2 ミキサーボウルにバターと粉糖を入れ、中速で撹拌する…*b*。ある程度混ざったところで1を加え、さらに撹拌する…*c*。

3 ムラなく混ざったら薄力粉、強力粉、ベーキングパウダー、塩を加えて撹拌する…*d*。生地がひと塊にまとまったらミキサーボウルから取り出し…*e*、OPPシートで包んで麺棒で長方形に成形する…*f*。冷蔵庫で1日ねかせる。

4 用途に応じて好みの厚さにのばして型で抜き、180℃のオーブンで20分焼く。

卵白に砂糖を加え、湯煎で温めてから泡立てる。粘り、コシが強く、乾燥焼きすると固く焼き上がり、形も崩れにくく、カリカリとした歯ごたえがある。生菓子の土台にも適している。

スイスメレンゲ

材料(作りやすい分量)
卵白……90g
グラニュー糖……75g
粉糖……75g

1 ボウルに卵白とグラニュー糖を入れて湯煎にかけ、ゴムベラで混ぜながら、60℃まで温める。空気が入らないよう、ホイッパーは使わずゴムベラで混ぜる…*a*。

2 *1*をミキサーボウルに移し、高速でしっかり撹拌する…*b*。角が立つまで泡立てたら、中低速に切り替えてキメをととのえる。

3 ふるった粉糖を加えて、ゴムベラでさっくりと混ぜる…*c*。半量をグラニュー糖ではなく粉糖にすることで、口あたりが軽くなる。

4 用途に応じて好みの形に絞り、オーブンで焼く。「ムラング シャンティー レザン」(→p104)では、土台とトップにスイスメレンゲを使用。トップは、天板に直径7cmのシャブロン型をのせ、霧吹きで水をかけてシリコンペーパーをのせ、シャブロン型の円をなぞるようにして、メレンゲを絞って焼く…*d*。土台は、シリコンペーパーを敷いた天板に直径7cmのシャブロン型をのせ、型の中にメレンゲをぎりぎりの高さまで絞り入れる…*e*。余分をパレットですり切り…*f*、型をはずして焼く…*g*。ともに110℃のオーブンで4時間焼く…*h*。

クレーム・パティシエール

「菓子屋のクリーム」と呼ばれる、基本的なクリーム。牛乳、砂糖、卵黄、薄力粉を加熱してつくる濃厚なクリームで、さまざまなクリームのベースになる。英語ではカスタードクリーム。

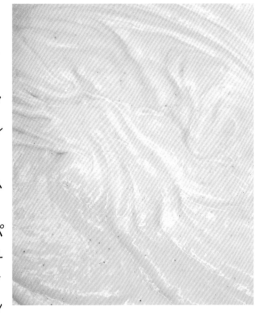

材料（作りやすい分量）
牛乳……1600g
バニラビーンズ……1本
グラニュー糖……320g
加糖卵黄……460g
薄力粉……88g
コーンスターチ……88g
バター……80g

1　鍋に牛乳、バニラビーンズを入れ、火にかける。グラニュー糖の一部を加え混ぜる…a。

2　ボウルに卵黄とグラニュー糖の残りを入れ、すり混ぜる…b。

3　2に薄力粉とコーンスターチを加え混ぜる…c。1の一部を加え、粉気がなくなるまで撹拌する…d。

4　3を1の鍋に戻して、混ぜながら強火で一気に炊き上げる…e。粉に最短で火を通したいので、強火で手早く行う。

5　炊き上がったらバターを加え混ぜる…f。バターをしっかり溶かし混ぜることで、なめらかで艶のあるクリームになる…g。

6　5をバットに流し、菌の繁殖を抑えるため、空気が入らないようラップを密着させ…h、ブラストチラーで急冷する。

基本のクリーム2

クレーム・ダマンド

アーモンドクリーム。パイやタルトなどの生地に詰めて焼くことが多い。バター、砂糖、卵、アーモンドパウダーを同割で配合するレシピが基本。

材料（作りやすい分量）
バター……300g
粉糖……300g
全卵……300g
アーモンドパウダー……300g
薄力粉……50g

1 ミキサーボウルにポマード状のバターを入れ、中速で撹拌してほぐす…*a*。粉糖を加え、中低速で混ぜ合わせる…*b*。

2 全卵とアーモンドパウダーを交互に、数回に分けて加え混ぜる…*c,d*。生地がつながってきたらゆっくりと卵を入れるというイメージで。途中でボウルの側面についたクリームを払い、均一に混ぜる。

3 薄力粉を加え、中速でしっかりと混ぜる…*e*。白っぽくなるまでしっかり混ざったら完成…*f*。

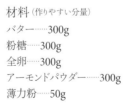

クレーム・ムースリーヌ

クレーム・パティシエールに、バターを加え混ぜた濃厚なクリーム。重厚な味わいの古典的なお菓子によく使われる。メゾン ジブレーでは、クリーム・パティシエールとバターの割合は4:1。お菓子に合わせて、キルシュやグランマルニエを加え混ぜて、風味をつけることも。

材料（作りやすい分量）
クレーム・パティシエール
……100g
バター……25g

クレーム・パティシエールを22℃に調整し、ミキサーでよくほぐす。ポマード状のバターを加えて撹拌する。

クレーム・ディプロマット

クレーム・パティシエールに、クレーム・シャンティーを合わせたもの。メゾン ジブレーでは、クレーム・パティシエールとクレーム・シャンティーの割合は2:1。クレーム・シャンティーは、47%生クリームに生クリームの8%の粉糖を合わせて8分立てにしたもの。

材料（作りやすい分量）
クレーム・パティシエール
……100g
クレーム・シャンティー
……50g

溶きほぐしてムラなく混ぜたクレーム・パティシエールに8分立てのクレーム・シャンティーを加え、なめらかな状態になるまで混ぜる。

補足レシピ

フランボワーズジャム

材料(作りやすい分量)
フランボワーズピューレ……100g
水飴……25g
グラニュー糖……75g
ペクチン……3g
冷凍フランボワーズ……40g

鍋にピューレ状にしたフランボワーズと水飴を入れ、火にかける。45℃になったら、混ぜ合わせておいたグラニュー糖とペクチンを加え、混ぜ溶かす。冷凍フランボワーズを加え、ジャム状になるまで煮詰める。最後は焦げないように弱火で煮詰める。

サワーチェリージャム

材料(作りやすい分量)
サワーチェリーピューレ……100g
水飴……25g
グラニュー糖……75g
ペクチン……3g
冷凍サワーチェリー……40g

鍋にピューレ状にしたサワーチェリーと水飴を入れ、火にかける。45℃になったら、混ぜ合わせておいたグラニュー糖とペクチンを加え、混ぜ溶かす。冷凍サワーチェリーを加え、ジャム状になるまで煮詰める。最後は焦げないように弱火で煮詰める。

ヘーゼルナッツの糖衣掛け

鍋に30°ボーメシロップを入れ、火にかけて118℃まで加熱する。シロップと同量のローストしたヘーゼルナッツを加えて混ぜ、シロップをヘーゼルナッツにからめて結晶化させる。

ピーカンナッツの糖衣掛け

鍋に30°ボーメシロップを入れ、火にかけて118℃まで加熱する。シロップと同量のローストしたピーカンナッツを加えて混ぜ、シロップをピーカンナッツにからめて結晶化させる。

砂糖細工

パラチニットを、シルパットの上にのせたセルクルの中に敷き詰め、200°のオーブンで10分焼く。

チョコレートコポー

テンパリングしたチョコレートをマーブル台に流し、ヌガーカッターでくるりと丸めながら削る。

庭で栽培しているハーブ、エディブルフラワー

店の前の庭には、さまざまな植物に混じって、ミント、ローズマリー、ビオラ、アリッサムなど、ハーブやエディブルフラワーも植えられている。ケーキのデコレーションには、庭で栽培したハーブやエディブルフラワーも使用する。

製造・販売のスタッフたちと。本店とグランベリーパーク店を合わせ、スタッフは総勢50人におよぶ。前2列が販売のスタッフで、後ろがパティシエ。昨今人手不足に悩む店が多いなか、毎年新卒を5人ほど採用している。

オーナーシェフ

江森宏之

1974年栃木県生まれ。神奈川・横浜「ベルグの4月」などを経て渡仏し、「パティスリー フレッソン」にてM.O.F.パティシエのフランク・フレッソン氏に師事。帰国後「ベルグの4月」でシェフパティシエとして5年、東京・表参道のアイスクリームケーキ専門店「グラッシェル」でシェフパティシエ・グラシエを3年務め、独立。2015年にイタリア・ミラノ で の「The World Trophy of Pastry Ice Cream and Chocolate FIPGC」にて日本代表のチームキャプテンとして出場し、優勝に導く。2017年7月に「メゾン ジブレー」をオープン。

メゾン ジブレー

神奈川県大和市中央林間4-27-18
tel 046-283-0296 営業時間＝10:30〜19:00
定休日＝月・火曜
https://givree.tokyo/

メゾン ジブレー グランベリーパーク店

東京都町田市鶴間3-3-1
グランベリーパーク ステーションコート1階 B104
tel 042-850-5665 営業時間＝10:00〜20:00
定休日＝無休（グランベリーパークに準ずる）

メゾン ジブレー 果物から発想する菓子

初版印刷 2024年7月15日
初版発行 2024年7月31日

著者©
江森宏之

発行者
丸山兼一

発行所
株式会社柴田書店
〒113-8477
東京都文京区湯島 3-26-9 イヤサカビル
電話 03-5816-8282（営業部）
　　　03-5816-8260（編集部）
※雑誌、書籍のご注文・お問合せは営業部まで
https://www.shibatashoten.co.jp/

印刷・製本
図書印刷株式会社

ISBN 978-4-388-06369-7
Printed in Japan
©Hiroyuki Emori 2024